Es ist das Glück und das Unglück Italiens, einen Süden zu haben. Übervölkerte Dörfer, brachliegendes Land, Anarchie im Staat, Drogenhandel, Mafia: alle brennenden Probleme im heutigen Italien sind der Nation vom Süden auferlegt. Aber der Süden bedeutet auch: individuelle Temperamente, hartnäckige Energien, Helden und Abenteurer, Weitherzigkeit, ausschweifende Phantasie. Die Zukunft Italiens entscheidet sich im Süden, im Guten wie im Bösen.

Die Eigenart des italienischen Charakters ist hier von Dominique Fernandez, zum erstenmal vielleicht, ganz von innen heraus erklärt durch eine Analyse, die sich der Anekdote nur bedient, um zum Verständnis der Mythen durchzudringen. In diesem Buch, das an Vorkommnissen so reich ist wie ein Roman, wird der Leser nicht nur ein leidgeprüftes tragisches Italien entdecken, das er nicht vermutet, ihm wird hier auch eine Art zu sein aufgezeigt, die so nirgendwo anders existiert und die seine Vorstellung vom Menschen bereichern wird.

insel taschenbuch 3197

Dominique Fernandez

Neapel und Süditalien

Dominique Fernandez
Neapel und Süditalien

Aus dem Französischen
von Julia Kirchner
Insel Verlag

insel taschenbuch 3197
Erste Auflage 2006
Insel Verlag Frankfurt am Main und Leipzig

Hinweise zu dieser Ausgabe am Schluß des Bandes
Vertrieb durch den Suhrkamp Taschenbuch Verlag
Umschlag: Michael Hagemann
Satz: Hümmer GmbH, Waldbüttelbrunn
Druck: Druckhaus Nomos, Sinzheim
Printed in Germany
ISBN 3-458-34897-2

1 2 3 4 5 6 – 11 10 09 08 07 06

Neapel und Süditalien

Neapel

Urgedächtnis

Neapel, schwarz und nackt. Neapel, das dem Reisenden, der aus Rom kommt, durch seinen Lärm und sein Elend barbarisch erscheint, obwohl es auf der Halbinsel keine so scharfsinnige, so erfinderische, so kultivierte Stadt gibt; keine, die so sehr Hauptstadt ist, besonders wenn man sie mit Rom vergleicht; aber der Erfolg, den das Talent ihrer Einwohner ihr sichern müßte, wird ihr seit jeher auf geheimnisvolle Weise genommen. Rätselhafte Stadt, deren Bevölkerung die wunderbarsten Ressourcen im Kopf hat, ohne die Mittel zur praktischen Anwendung zu finden; und die ständig unterliegt im Kampf gegen Angriffe; bettelnd und gedemütigt durch fortwährendes Unglück.

Daher fuhren wir langsam, als wir aus Rom auf der Küstenstraße kamen, die von Terracina an, wo der Süden beginnt, so schön ist, denn wir fürchteten Neapel ebensosehr, wie wir es liebten. Bilder eines uralten ländlichen Lebens zogen an unseren Augen vorüber: die Bewegung, mit der schwarzgekleidete Frauen, hier und dort neben einem Haufen Orangen sitzend, ihre Früchte zum Verkauf anbieten; ausgespannte Fischernetze über der gelben Mündung der Flüsse; ein Karren, langsamen und sicheren Schrittes von zwei weißen Büffeln gezogen; die sandige Ebene, auf der Pinien und Iris wachsen, stellenweise Schilf.

Und dann Cumae. Cumae, arm, grau und verlassen.

Cumae, die beste Einführung für Neapel und das wirkliche Symbol dieser Stadt, denn nichts widerspricht dem Leben in den finstren, sonnenlosen Gäßchen Neapels, dem neapolitanischen ironischen, beweglichen Geist so sehr wie das unbewegliche Weiß, das zufriedene Weiß von Capri oder Positano. Wieder ergriff uns die wilde Großartigkeit von Cumae, das Schweigen der flachen Felder, die man oben von dem Hügel aus sieht, die Melancholie des ungeheuren Strandes, der bis zum Horizont hin einen Halbkreis beschreibt, das schmutzige, bleierne Meer ohne jedes Schiff, die Trostlosigkeit auch des Hügels, der eine Akropolis war, die erste griechische Akropolis Italiens – von der jedoch zwischen Gestrüpp und Steinen nur die Reste der Grundmauern geblieben sind, noch nicht einmal Ruinen.

Am Fuße des Berges drang ich in einen unterirdischen Gang ein, der mutmaßlich die Höhle der Sibylle war. Die schräg in den Tuffstein gehauenen Wände neigen sich zueinander und bilden über dem Kopf ein trapezförmiges Gewölbe. Der Gang ist lang, und man hat den Eindruck, als könnten sich die Wände um den unvorsichtigen Besucher zusammenziehen. Hier ist eine der heiligen Stätten der matriarchalischen Mythologie, in ihrer primitiven Nacktheit heute weit eindrucksvoller als der Posilip Nervals, den Bauten entstellt haben. Ich näherte mich langsam dem Innern der Grotte, dem Wohnsitz der Gebärenden, der Fruchtbaren, der Freigebigen (der Gewittrigen, das ist alles dasselbe), aus der tausendfältige Wohltat (und Blitze) einst mit den Orakeln hervorquollen, die über ihre Lippen kamen.

Aber ich weiß, meine starke Ergriffenheit in diesem

Gang kommt nicht nur von meiner archäologischen Neugier, sondern von dem Eindruck, in diesen Tuffwänden eingeschlossen und erstickt zu werden, so als könnten sie jeden Augenblick aus dem Gleichgewicht geraten und mich begraben. Hier verstehe ich, was für jeden von uns eine Mutter ist: die Wohltaten, die Gunst, die Großzügigkeit, die sie uns erweist, haben nur deshalb eine so vitale Bedeutung, weil man ihnen zuliebe der Gefahr trotzen muß, von einem unerwarteten Wiederaufwallen der Zärtlichkeit verschlungen zu werden, von einem herrlichen, aber verhängnisvollen Liebeshunger.

Verse von Vergil sind am Eingang der Grotte in eine Tafel graviert. Wir brauchen diese diskrete Erinnerung an die Antike nicht, um zu fühlen, daß wir an den Beginn der Welt zurückgekehrt sind. Die Geschichte von Cumae vereint sich mit unseren frühsten Erinnerungen in einem absoluten Urgedächtnis.

Zerbrechlichkeit, Verfall, Verstörung

An der Einfahrt nach Neapel das Bild seiner Niederlage: das neue Stadion, das die achthundert Millionen verschlang, die speziell zum Bau von Schulen bewilligt worden waren. Der Verantwortliche für diese Veruntreuung ist kein anderer als Lauro, der Reeder, den man mit einer recht dummen Legende umgeben hat: er war nur der unfähigste und verschwenderischste aller Bürgermeister, die in Neapel im Lauf von hundert Jahren aufeinander gefolgt sind.

Wir biegen auf gut Glück in eines der Gäßchen des

alten Viertels ein, in das die Sonne niemals eindringt, das Tageslicht kaum. Ein Fünftel der Bevölkerung lebt zusammengepfercht in diesen fensterlosen Erdgeschoßwohnungen, die man ›bassi‹ nennt. Ich betrete geräumige Höfe, schmutzig und schwarz wie die Eingeweide der Erde. Helligkeit kommt erst am Abend, wenn Tausende von Glühbirnen zu leuchten beginnen, von einem Balkon zum anderen, in Girlanden, in Trauben, rund um die Tabernakel in den Mauern, um die Auslagen, in den Rachen der Kalbsköpfe, die vor den Fleischereien hängen.

Durchlässige, oft nicht fertige Gebäude, zu groß, zu hoch, um zu Ende gebaut zu werden; geheimnisvolle Treppen, die im Freien auf verlorenen Vorplätzen enden, Katzen und Abfall überlassen; kein Baum oder Garten; aber der Tuff der Fassaden ähnelt Steilküsten mit natürlichen Höhlen als Eingang. Eine Landschaft außerhalb der Zeit und der bekannten geologischen Zeitalter. Ein prachtvolles in Stein gehauenes Wappenportal in einer vermoderten Mauer scheint aus einer sehr weit zurückliegenden Kolonisationszeit zu stammen. Köpfe erscheinen hier und dort, mit Wäsche beladene Arme, nackte Kinder; ein Alteisenlager nimmt die eine Ecke des Hofes ein; riesige Kupferbetten auf gedrehten Beinen leuchten im Halbdunkel. All dieser barocke Schmuck rettet Neapel vor der Kärglichkeit, die ein französisches Interieur, selbst bei besseren sozialen Bedingungen, ausstrahlen würde. Das Leben mag noch so sehr gedemütigt sein, die Bewohner dieser Höhlen haben mit dem Überfluß und dem Absurden einen wunderbar vertraulichen Umgang. Zwischen Kindergeschrei und Kochtöpfen hantieren sie mit einem Sinn für das Theatralische, der bewirkt, daß ihr Elend niemals ein dürres Elend, ein armes Elend ist, sondern eine phantastische, dramatische Unordnung.

Schreien und Weinen dringt durch die Fenster. Frauen rufen sich zu, indem sie sich heftig auf die Brust schlagen. Ein Bündel auf dem Kopf balancierend, geht ein Laufbursche wie ein Seiltänzer vorbei. Tränen, Gestikulieren und Schreien. Die Neapolitaner drücken auf diese Weise nicht stumpfsinnige Lebensenergie aus, wie viele Reisende geglaubt haben, sondern die Zerbrechlichkeit, die pathetische Labilität ihres Seins, die an Auflösung und Verstörung grenzt.

Ich habe mich oft gefragt, warum man, außer dem Faun im Museum, keinen einzigen Betrunkenen trifft. Dieses von Ticks durchschüttelte Volk ist ein Volk Nüchterner. Die Bedingungen, die andernorts den Alkoholismus begünstigen, scheinen ihn hier zu verbieten. Warum? Weil die Zechgelage, entgegen der herkömmlichen Auffassung, weniger dazu dienen, eine Zuflucht im Elend zu finden, als das Ego zu befreien. Der westliche Mensch trinkt, weil er seine Grenzen zu durchbrechen und sich zu vergessen sucht. Aber der Neapolitaner hat keine Vorstellung von seinen Grenzen. Der Neapolitaner hat kein Ego. Das Leben ist für ihn das Gegenteil von einem Gefängnis. Die Vorstellung, die er von sich selbst hat, ist zu schwach, als daß er daran dächte, ihr zu entfliehen. Wer kann in diesem Mittelalter von Gewölben, Analphabetismus und Not sich selbst gehören? Wer ist sicher, dieser und nicht ein anderer zu sein? Jede Minute ist Panik.

Die Mütter, denen das Geld für Fleisch fehlt, gehen in die Schlachthöfe und fangen aus der Brust des hingerichteten Tieres das Blut auf, das ihnen umsonst überlassen wird. Anstelle der rationellen Beziehung, die beim Fleischer zu entstehen pflegt – so viel Geld gegen so viel Ware –, schauen sie zu, wie in das Gefäß, dessen Wände beschlagen, die schmutzige Flüssigkeit hineinfließt, die ihr Blut, ihr Körper, ihre mütterliche Angst sein könnte, verwandelt in eine rote klebrige Masse.

Eine junge Person, von ihrem Galan aufgefordert, ihm den ›Liebesbeweis‹ zu geben, stieß die Hand des Kühnen zurück, der erklärte: »Wenn du meine Hand zurückstößt, so bist du keine richtige Frau.« Von einem zweiten Liebhaber, ebenso abgewiesen, die gleiche Antwort. Das arme Mädchen vertraut daraufhin seine Zweifel und seinen Kummer dem ›Briefkasten des Herzens‹ an. »Ich glaube, Frau zu sein, denn ich habe alles ganz regelmäßig, aber da mir zwei Männer das Gegenteil gesagt haben, ist es sicher, daß ich es bin?« In diesen unbeholfenen Worten wird die Persönlichkeitskrise mit ihren Ängsten und Demütigungen nicht weniger deutlich.

Vor der Tür eines Rechtsanwaltes hängt ein Büffelhorn. Kleinere Modelle von Büffelhörnern sieht man überall in Neapel. Dieses hängt dort in seiner natürlichen Größe. Ein Talisman gegen das Unglück und im besonderen gegen die Hexenkünste des *gettattore*, des Mannes mit dem bösen Blick. Der ›gettattore‹, eine neapolitanische Erfindung, ist eine halb koboldhafte, halb teuflische Gestalt, der überall, wo er vorbeikommt, Unglück bringt. Man braucht ihn, weil er in seinem scheelen Auge das umherirrende Mißgeschick sammelt und weil seine Existenz ebenso schützt wie beunruhigt. Man erinnert sich berühmter Beispiele. Der Domherr De Jorio, ein bekannter Schriftsteller und ›gettattore‹, wollte sein Buch Ferdinand I. widmen. Der König, der kein Dummkopf war, hielt ihn fünfzehn Jahre lang hin. Schließlich wurde die Audienz gewährt und der Domherr am 3. Januar 1825 empfangen. Am 4. morgens starb der König an einem Schlaganfall. Der ›gettattore‹, das heißt, das ewig über den Häuptern der Neapolitaner schwebende Unglück, hatte die Macht gehabt, die Person des Königs völlig beiseite zu schaffen, sie in Nichts aufzulösen.

Zu dem großen Hofball, der im Januar 1857 stattfinden sollte, hatte der Kämmerer Ferdinands II. vorgeschlagen, den Herzog von Ventignano einzuladen. Der König war einverstanden, ließ den Herzog auffordern, aber äußerte seine Zweifel über das Gelingen eines Festes, bei dem dieser berühmte ›gettattore‹ erscheinen würde. Tatsächlich ging alles schief; man verübte ein politisches Attentat, der Ball wurde abgebrochen, dann gab es keine Feste mehr im Königreich, der König starb und das Königreich verfiel mit seinem Nachfolger.

Der ›gettattore‹ ist ein gebildeter Mann, ein Rechtsanwalt, ein Professor oder Arzt, selten ein Mann aus dem Volk, was merkwürdig erscheint, wenn man den gelehrten Ursprung des Mythos nicht kennt. Er geht, nach Ernesto De Martino, auf ein Werk zurück, das Nicola Valletta, Professor der Rechte an der Universität Neapel, 1787 unter dem Titel ›Burlesker Diskurs über den Zauber, den man gemeinhin *gettatture* nennt‹ veröffentlichte. Dieser Jurist beschrieb den ›bösen Blick‹ mit der Ironie eines guten Schülers der Aufklärung, ohne jedoch den Mut aufzubringen, seine Existenz zu leugnen. Im Gegensatz zu dem Spott Voltaires, der bewußt die Vernunft gegen den Betrug der Magie gesetzt hatte, ging die humoristische Darstellung Vallettas behutsam mit dem Aberglauben um. Weil nämlich Valletta und die mit ihm befreundeten Professoren bei aller ihrer Gelehrtheit und dem Bewußtsein, einem Jahrhundert anzugehören, in dem es nicht mehr erlaubt war, gewisse Ängste ernst zu nehmen, heimlich immer noch an die okkulten bösen Mächte glaubten: daher der psychologische Ausweg des Scherzes, der es ihnen gestattete, gleichzeitig zu glauben und so zu tun, als glaubten sie nicht.

Die Gestalt des ›gettattore‹ war also ein Kompromiß zwischen der alten Magie und dem modernen Rationalismus. Warum haben die Neapolitaner diesen Kompromiß erfunden? Weil sich Neapel und sein Königreich durch extreme Armut auszeichnen und gleichzeitig, seit Giordano Bruno und Tommaso Campanella, durch intellektuellen Mut, Antiklerikalismus und philosophische Begabung. Vor allem im 18. Jahrhundert entwickelte sich die Aufklärung dort glanzvoll, während die materiellen Bedingungen sich verschlechterten. Auf der einen Seite stellte sich Neapel mit dem Philosophen Vico, dem Historiker Pietro Giannone, mit Genovesi, der den ersten Lehrstuhl für Volkswirtschaft in Europa einrichtete, mit dem Juristen Filangieri an die Spitze der enzyklopädischen Bewegung. Auf der anderen Seite aber war die Geschichte des Königreiches zu dieser Zeit eine einzige Folge von Katastrophen. In England und in Frankreich hatte der Aufstieg des handeltreibenden Bürgertums innerhalb eines sich ausbreitenden Nationalstaates zuerst einem Bacon und einem Descartes und dann den Vertretern der Aufklärung erlaubt, unzweideutig die Alternative zwischen Magie und Vernunft aufzuzeigen und eine siegreiche Entscheidung zu treffen. Die geistige Elite Neapels, im Streit mit einer ohnmächtigen Politik und Wirtschaft, verkörperte ihr eigenes Unvermögen in den Zügen des ›gettattore‹. Und wenn der ›gettattore‹, diese Verbildlichung des Scheiterns der Vernunft vor den Tücken der Wirklichkeit, sich in Neapel immer noch einer weit größeren Beliebtheit erfreut als im übrigen Italien, so deswegen, weil der Kontrast zwischen der geistigen Elite (Benedetto Croce, der Ethnologe Ernesto De Martino) und dem wirtschaftlichen Rückgang nichts an Schärfe verloren hat. Die einzig mögliche ›Philosophie‹ besteht nicht darin, die Zauberkünste des Schicksals zu verleugnen, sondern darin, über sie zu lachen. Jeder lacht über den ›gettattore‹, aber jeder glaubt daran und berührt sein Horn angesichts des bösen Unruhestifters.

Wir gehen die Via Constantinopoli hinunter, zwischen den schönen, verfallenen Häusern, die zweifellos nicht die Zeit hatten, wirkliche Paläste zu werden. Der Widerspruch zwischen dem erfinderischen Geist und dem praktischen Mißerfolg, zwischen der intellektuellen Fruchtbarkeit und dem Mißgeschick, der Unterentwicklung, der chronischen Apathie ist der erschütterndste Eindruck von Neapel. Da es an einer reifen Führungsschicht fehlt, ist diese Stadt, die alles besaß, um Erfolg zu haben, ständig gescheitert. Dafür aber bringt sie bizarre, verführerische Geister hervor anstelle der selbstsicheren Küchenasseln, von denen es in den Hauptstädten des Bürgertums wimmelt.

Der quälende Gedanke an ein Scheitern ist so verfänglich, daß er sogar die angesteckt hat, die die Möglichkeit gehabt hätten, sich davon zu befreien. Gewiß, am Ende der Via Chiaia sieht man den wunderbaren Palazzo Cellamare, Himmel und Meer, auf der Höhe das alte, verblaßte Rosa, die Balustrade mit den bemoosten Steinen, die Höfe mit ihrem unregelmäßigen Pflaster, die stolze Kraft und die Anmut des spanischen Geschmacks, in Grenzen gehalten von einem diskreten Barock; aber weiter unten am Meer, wo die meisten Patrizierhäuser Neapels stehen, wird die Reihe grauer Fassaden und melancholischer Hauseingänge zu einer Tschechowschen Riviera, trotz des mittelmeerischen Himmels wie von Regen überströmt. Beim ersten Anblick verblüfft Donn' Anna. Dieser Palast, auf den die Neapolitaner so stolz sind und den man mir als Juwel ihrer Architektur bezeichnet hat, ist nichts als eine Tuffsteinkaserne, überall schadhaft, wie durchlöchert von den aufklaffenden Bögen, unfertig, ungastlich und finster dreinschauend, mit den schimmligen Mauern zum Teil im Meere stehend. Wohnsitz reicher Leute jedoch, und ich begreife bei seinem Anblick einen Wesenszug Neapels, denn es ist ja nicht Armut oder Unglück, was sich hier ausdrückt, sondern Wohlstand. Wie kann man freiwillig sein Leben dort verbringen? Und wie kann man aus den schrecklichen ›bassi‹ herauskommen, um diese Ruine zu bewundern? Eben das ist es: in einem geglückten Palast könnten die reichen Neapolitaner nicht leben, die armen sich nicht erkennen. Sie alle sind betroffen von dem unheimlichen Verfall, der ihrer Stadt auferlegt ist, und beschränken ihre Träume auf das Gemisch aus chimärischer Größe und elender Realität, das sie entlang ihrer Strandpromenade finden.

Was tun?

Rendezvous mit Domenico Rea, dem begabtesten der jungen Schriftsteller, die Neapel seit dem Kriege gesehen hat. Die schneidenden, ätzenden Novellen Reas haben die neapolitanische Tradition des gerührten Schmunzelns, die die Romane Marottas und manche Filme De Sicas mühsam am Leben zu halten versuchten, beiseite geräumt. Nach der Lektüre von ›Spaccanapoli‹, ›Gesù fate luce‹ und ›Il Re e il lustrascarpe‹ ist es nicht mehr möglich, den Bewohner der ›bassi‹ als Zauberer im Unglück zu sehen, der durch gute Laune seine dürftigen Einkünfte ausgleicht. Der Bewohner der ›bassi‹ ist ein Wolf in einem Wald von Wölfen; der Stärkere beutet den Schwächeren aus; der Reichere den Ärmeren; die Eltern die Kinder. »Wir haben endgültig den Mythos der Elendsviertel, der Gäßchen und des Lebens ihrer Bewohner fragwürdig gemacht. Wir wissen, daß sie nicht glücklich darüber sind, zum Ausgleich für ihr Elend eine anarchische Freiheit zu erhalten.« Besonders abscheulich ist nach Rea die Ausbeutung der Kinder: die erniedrigten Mütter erniedrigen ihrerseits, so als gäbe es ein Gesetz, daß sich ohnmächtige Liebe durch Haß rächt.

Ich glaubte Domenico Rea nicht in Verlegenheit zu bringen, als ich ihm sagte, ich hätte Neapel vorteilhaft verändert gefunden, die alten Viertel weniger schmutzig, mehr neue Häuser, den ehemaligen Bahnhof abgerissen und durch helle Gebäude ersetzt, viele Autos, eine fruchtbarere und gesündere Aktivität. Wir trafen uns hinter der Piazza Municipio (wo weniger Bäume geblieben sind als Tankstellen, seit Lauro in einer Nacht die prächtigen Korkeichen hat fällen lassen) in dem nagelneuen Viertel von Rione Carità. Dort steht der einzige Wolkenkratzer Neapels.

Rea vermeidet eine Antwort. Er ist erregt beim Gehen, murmelt einige Worte, die nicht sehr artig sein müssen, kurz, ich merke, daß er die Modernisierungsarbeiten und das Lob, mit dem ich sie bedacht habe, ganz und gar mißbilligt.

Ich bin etwas verlegen, wir durchlaufen rasch mehrere Straßen, ich verstehe immer noch nicht, welche Sorge sein an Brecht erinnerndes Gesicht verzerrt.

Rione Carità hat eine Ansammlung elender, schmutziger Häuser ersetzt. Vielleicht wurden die ehemaligen Bewohner ein wenig zu schnell vertrieben; vielleicht hätte man einen Stadtteil wählen sollen, der weniger dem Verkehrslärm ausgesetzt ist, um ein Wohnviertel zu bauen. Trotz dieser Einschränkungen muß man jedoch erkennen, daß die Innenstadt Neapels jetzt zum erstenmal in der Geschichte einen europäischen Anblick bietet, mit Gebäuden, die nicht besonders schön, aber auch nicht verletzend häßlich sind: weiß, rechtwinklig, symmetrisch, in dem banalen Stil, der sich in der ganzen Welt verbreitet hat, der in Neapel aber weniger banal ist, weil er in das verfaulte Herz der Stadt große Fenster, Terrassen, Sauberkeit und Licht gebracht hat.

Was denkt Rea in diesem Augenblick? Merkt er, daß er in einer heiklen Lage ist? Er hat die abscheuliche Realität, die sich in den ›bassi‹ hinter dem ›Typischen‹ und ›Charakteristischen‹ verbirgt, angeprangert. Doch eine moderne Straße, nichtssagend wie alle modernen Straßen, ein Wolkenkratzer, wie eben ein Wolkenkratzer ist, erregen seinen Abscheu. Er will eine europäische Stadt, aber wenn sie unter seinen Augen entsteht, so vergleicht er sie mit der verschwindenden und fragt sich, was an Neapel noch interessant bleibt und was er wohl anfängt, wenn es eines Tages, nach gewonnener Schlacht, nur noch gesunde Vierzimmerwohnungen geben wird mit Robotern und Phantomen anstelle der wunderbaren Menschen des Südens.

Daß die Intellektuellen Neapels von widersprüchlichen Gefühlen zerrissen werden, war mir bereits klargeworden, durch den schönen Film von Rosa, ›Plünderung der Stadt‹, ein Pamphlet gegen die Immobilienspekulation – und durch die wertvolle Sammlung ökonomischer Studien, die Francesco Compagna und seine Freunde von ›Nord e Sud‹ über die Veränderung Neapels seit einem Jahrhundert soeben veröffentlicht haben: in beiden Fällen genügt die Entrüstung über die Geschäftemacher nicht, um die Animosität gegen Rione Carità und seinen Wolkenkratzer zu erklären. Ein geheimes Mißbehagen, das seinen Paroxysmus bei Rea hat, quält jeden, der sich für Neapel begeistert, in das Labyrinth der Gäßchen und ›bassi‹ eindringt und fürchtet, daß die Stadt an Intensität verlieren könne, was sie an Hygiene gewinnt.

Wir gehen zum Meer hinunter. Rea spricht mit großer Zungenfertigkeit. Von seinen Büchern und seinen geplanten Büchern. Er packt mich am Arm, pflanzt sich mitten auf der Straße auf, nimmt seine Brille ab, schaut mich an mit den Augen eines geblendeten Kindes, zieht mich wieder fort, lebhaft, unermüdlich, unersättlich. Er ist amüsant und weiß es, aber ich zweifle daran, ob die ständige Zurschaustellung seiner selbst ihn vor langen Zeiten der Niedergeschlagenheit schützt. Wir betreten eine Bar, er setzt sich, er macht eine lustige Bemerkung, erhebt sich, neigt sich zu mir und reicht mir die Hand, ich muß auch aufstehen und ihm die Hand geben, er schüttelt sie, und ich schüttele die seine, ich beglückwünsche ihn zu seiner Bemerkung, und er fällt auf seinen Stuhl zurück, für einen Augenblick beruhigt. Wir machen uns wieder auf den Weg. Er bedrängt mich mit Fragen über sein Werk, ich antworte ihm, so gut ich kann, er beginnt wieder damit, seine verwickelten Pläne entwirren zu wollen, ich erinnere mich meinerseits an gewisse äußerst merkwürdige Texte, in denen er den Niedergang des neapolitanischen Volksliedes begrüßt. Abgesehen von dem sehr bemerkenswerten, aber sehr isoliert dastehenden Murolo ist das neapolitanische Volkslied tot, schrieb er. Man stellt es in Mailand noch als Handelsware her, aber in Neapel ist es tot, tot im Herzen des neapolitanischen Volkes. Desto besser! Das neapolitanische Volk will sich nicht mehr in Liedstrophen ausdrücken, sondern in Häusern, Schulen, Kliniken, in sozialem und humanem Fortschritt. Das neapolitanische Volk will nicht mehr singen, sondern leben. Ich erinnere mich dieses Textes und frage mich, warum Domenico Rea nicht glücklicher aussieht, er, der Prophet des Umschwungs, der jetzt sein Opfer zu sein scheint.

Er spricht mit Beharrlichkeit von seinem letzten Roman, ich verstehe, daß ihm weniger daran liegt, meine Meinung zu erfahren, als mir zu sagen, warum er seit diesem Roman, der fünf Jahre alt ist, nichts mehr geschrieben hat, warum er nicht mehr schreiben kann, ja, warum? warum? Ich versuche, mir alles ins Gedächtnis zu rufen, was ich von ihm weiß, seine ärmliche Kindheit, sein schriftstellerisches Debüt als Chronist des Lebens in den ›bassi‹, seinen überwältigenden Erfolg: die Karriere eines Chronisten der ›bassi‹ stand ihm offen, eine leichte Karriere, solange das Leben der ›bassi‹ so reich an Episoden ist. Aber er stemmte sich gegen die Versuchung, verschmähte seine pittoreske und folkloristische Begabung und nahm es auf sich, den Bewohner der Elendswohnungen ein für allemal zu entpoetisieren. Und nun, nach vierzig Jahren, hat er sein Versprechen gehalten, aber ist unbefriedigt und voller Angst, so als ahne er, daß er bei dieser Entscheidung mehr verloren hat als gewonnen.

Er nimmt mich in seinem Alfa Romeo mit. Die Menge der kleinen Fiats geht ihm auf die Nerven. Ich frage ihn, ob er nicht beabsichtige, sich in Rom, in Mailand niederzulassen. Vielleicht, sagt er mir. Ich nehme an, daß er nicht mit anderen Schriftstellern aus Neapel gleichgestellt werden will, die fortgegangen sind. In der Tat gibt es für einen neapolitanischen Schriftsteller, der beschlossen hat, keine ›neapolitanische‹ Literatur mehr zu machen, kaum einen anderen Ausweg, als auszuwandern. Aber Rea bleibt, trotz seiner unhaltbaren Lage. Er würde es ein wenig feige finden, fortzugehen. Er klammert sich an die so herrlich anregenden Orte, die ihn nicht mehr anregen, weil sein bürgerliches Gewissen so entschieden hat. Er bleibt und wartet, daß eine neue Stadt sich auf den Trümmern der alten erhebt, eine neue Stadt mit europäischen Themen und dem Bedürfnis nach einer modernen Literatur, die keine Folklore über Neapel mehr ist. Bis dahin ballt er die Fäuste und verflucht seine Machtlosigkeit. Was tun? Der kindliche Ärger, den er beim Anblick der neuen Viertel empfindet, so als entdecke er, daß die Zivilisation des zwanzigsten Jahrhunderts eine langweilige Zivilisation ist, könnte sich leicht wiederholen, wenn es sich nicht nur um Häuser handelt, sondern um den neuen Typ der Bewohner, den sie hervorbringen werden.

Städte, Frauen, Kinder

Sonnenuntergang in Pozzuoli, meinem Lieblingshafen, so eindrucksvoll in der Abenddämmerung, wenn vor der Silhouette des Kap Misenio die Fischerboote hinausfahren und zwischen den mit Muscheln beladenen Pfählen das Wasser aufwirbeln, das schwer und fettig ist von Öl und Abfall. Das Sechsuhrschiff war gerade nach Procida und Ischia abgefahren: ein alter Kahn mit einer Schiffbrücke, derselbe seit Jahren, verkommen, ausgeblichen und unbequem, der zu den Inseln eine Handvoll Reisender bringt, die aufrecht im Winde stehen – heute abend neben einem großen amerikanischen Wagen, der zwischen den Körben verstaut ist, Schatz und Stolz eines heimgekehrten Emigranten.

Kam er aus New York? Aus Nuova York, wie sie sagen? Ich begann über die Städtenamen nachzusinnen. Sollte ich Pozzuoli sagen oder Pouzolles? Brindisi oder Brindes? Pouzolles hatte zweifellos besser gepaßt, solange das armselige Nest, wo Cicero einst eine Villa besaß, ein Erbteil französischer Schriftsteller gewesen war: der Président de Brosses hatte seinen Geist dort versprüht, Chateaubriand seine Beredsamkeit und Taine seine Moral. Brindes bezeichnete das Ende der Straße und den Einschiffungshafen nach Griechenland, eine Zwischenstation – nichts weiter. Brindes war die Negation von Brindisi, man fuhr über Brindes, man kam nicht nach Brindisi wegen Brindisi. Die Französierung italienischer Städtenamen begann im achtzehnten Jahrhundert und nahm unter Napoleon I. zu. Milan, Turin, Gênes, Naples, Palerme: das mag noch gehen. Diese Städte sind mächtig genug, um sich ihre Identität trotz der Naturalisierung zu bewahren. Aber immer noch Brindes zu sagen, heißt, Brindisi und seine Bewohner zu ignorieren, die Probleme von Brindisi, das riesige Polypropylenwerk von Brindisi, heißt, in den Grenzen der Schulbildung zu bleiben, in den Grenzen der automatischen Assoziierung: Brindes – Postboot von Brindes – Griechenland – Tod Vergils. Ebenso leugnet man, sagt man immer noch Pouzolles, daß sich der armselige Hafen in eine Industriestadt verwandelt hat, die einen Teil der Arbeitslosen Neapels in die weltbekannte Schreibmaschinenfabrik Olivetti und in das chemische Werk Pirelli zieht, dessen spitze Dächer am anderen Ende des Golfs einen weißen Fleck bilden.

Aber warum Lucques bewahren (statt Lucca) und auf Pistoie verzichten (um wieder zu Pistoia zurückzukehren)? Es handelt sich um zwei gleich wichtige, benachbarte Städte. Hier hat die Euphonie den Ausschlag gegeben. Der Fall ist selten. Gewöhnlich entspricht die Französierung nicht einer Forderung des Ohrs, sondern dem Imperialismus einer Kultur. Girgenti wurde Agrigente, weil die Franzosen die griechischen Tempel, die Ausgrabungen, die Archäologie, die ›Ecole d'Athènes‹ immer als ihr Eigentum betrachteten. Trapani, das wunderbare Trapani aus dem besten Humus Siziliens, blieb Trapani, weil der gallische Stolz keinen Vorteil darin sah, sich die Salinen anzueignen, die niedrigen Häuser, die Barken, Becken und Molen, die Großartigkeit und Einsamkeit eines Hafens am Ende der Welt.

Ein absurder Zufall: aus Cuneo in Piemont ist Coni geworden.

Ein anderer Aspekt der Französierung: man will der ausländischen Stadt eine Huldigung darbringen, indem man sie in die Muttersprache übersetzt – kluge Köpfe sind bereit, dies zu verteidigen. Was sie für Ehrerbietung halten, würde ich eher dem Dünkel zuschreiben. Seitdem der Franzose von seiner Vorrangstellung nicht mehr so durchdrungen ist und das Ausland als Ausland und nicht mehr als losgelösten Teil seines Reiches anzuerkennen geruht, französiert er auch nicht mehr. Wer würde daran denken, Arezzo zu entstellen? Hätte man Piero della Francesca jedoch hundert Jahre früher entdeckt, so spräche man uns zweifellos von den Fresken von Arès, und aus Piero wäre Pierre geworden. Man müßte eine Geschichte des Geschmacks nach der jeweiligen Anerkennung oder Verballhornung der Eigennamen schreiben. Das zwanzigste Jahrhundert würde keine schlechte Figur abgeben mit Arezzo, Todi, Cagliari, Lecce, Comacchio, Chioggia, Piero della Francesca, Piero di Cosimo, Cosmè Tura, Ercole dei Roberti, Monsù Desiderio.

Was die Städtenamen betrifft, so sagte ich mir auch, daß ich sie in diesem Buch in der weiblichen Form lassen und der (absoluten) Regel der italienischen Sprache folgen müsse, die sich in diesem Punkte vom Französischen unterscheidet. Die Städte in Italien sind Frauen, Schwestern, Gattinnen, Geliebte. Ich erinnere mich all derer, durch die wir auf dem Wege nach Neapel gekommen waren: Siena, dessen Campo, mitten in der dichtesten Besiedlung gelegen, tiefer als die Straßen, die selbstverständlich in diese, überdies noch muschelförmige Vertiefung hinabführen, deutlich den Schoß verbildlicht. Volterra und Orvieto, deren Hauptplätze im Gegensatz dazu auf der Höhe liegen und nach allen Seiten hin den Andrang des Bluts beherrschen; kämpferische, etruskische Städte, die sich nicht anbieten, die man erobern muß. Pisa, das durch seinen Fluß Frau sein könnte, wie Rouen, Nevers oder Tours, nur daß eine italienische Stadt kein Gefängnis ist, aus dem man auf dem Wasserwege flieht: die Ruder, der Kahn, das kleine Dampfschiff sind typische Bestandteile französischer Mythologie. Die italienische Stadt: ein steinerner Traum, der den Menschen befreit, indem er ihn einschließt. Wir fanden den Focus, von dem die melancholische Weiblichkeit Pisas ausstrahlt: ein unregelmäßiger, von flachen Palästen umgebener Platz, den ganzen Tag lang einsam und leer, ohne eine lebende Seele, außer der Marmorstatue eines Medici in der Mitte, die mit ihrem Schatten, dem Stand der Sonne folgend, die gesamte unbelebte Ausdehnung durchmißt und so den Besitzanspruch des Mannes über die jungfräuliche Fläche bestätigt, die er erforscht. Lucca, klein und eng; und Rom, das weder Gattin noch Geliebte, Rom, das Mutter ist, Mutter aller Städte, so sehr Mutter für Freud, daß er sich jahrelang nicht entschließen konnte, über den Trasimenischen See hinauszufahren, von der gleichen Furcht ergriffen, die zweitausend Jahre früher den siegreichen Hannibal abgehalten hatte, seinen Erfolg ganz auszukosten: mütterliches, verbotenes Rom, der Gegenpol zu Paris, der männlichen Stadt, die Balzac mit Vautrin identifiziert, dem wahren Symbol des Vaters.

Ich dachte an alle diese Städte und Plätze – Piazza Ducale in Vigevano, Piazza San Carlo in Turin, Piazza del Popolo in Todi –, die so gebaut sind, daß die Straßen, die durch Arkaden in sie einmünden, nicht die dichte Front der Fassaden durchbrechen. Überall abgeschlossene Zufluchtsorte, in dem sich der Geist, zurückgeführt zu den Eindrücken der frühesten Kindheit, gleichzeitig gefangen und glücklich fühlt. Italien, und nur Italien hat auf diese Weise den ältesten Intimitätstraum des Menschen verwirklicht.

In Pozzuoli und in den meisten südlichen Orten, die zu arm sind, um nicht aufs Geratewohl und nach den Möglichkeiten des Augenblicks gebaut zu sein, hat der weibliche, mütterliche Einfluß sich nicht auf die Anordnung der Stadt übertragen. Doch ich brauchte nur das faule Kommen und Gehen der Männer am Meer zu beobachten, um zu wissen, daß sie nicht zählten und daß das Leben der Gemeinde allein von den Frauen bestimmt wurde, deren rauhe Stimme zuweilen einen von ihnen in ein Haus rief.

Die kleine Gruppe, die sich am Quai versammelt hatte, um bei der Abfahrt des Bootes dabeizusein, wartete inmitten von Kisten und Kehricht, in dem kotigen, übelriechenden Schmutz, der das klebrige Pflaster überzieht. Die Männer in Pullovern, die Frauen in ihren ewigen schwarzen Hauskleidern, die größeren Kinder halb nackt, aber die Kleinen! Feierlich in hell glänzenden Wagen einhergeschoben, Dutzende von Säuglingen und zwei- oder dreijährigen Bübchen, von Kopf bis Fuß herausgeputzt, Könige inmitten des Elends.

Wieder einmal stieß ich auf die Riten der Kindesvergötterung, die in diesem armen, verlorenen Hafen einen absurden Grad erreicht hatte, und ich sagte mir, daß die uneingeschränkte Verehrung, mit der so viele Italiener während ihrer Kindheit behandelt werden und die sie als ein ihrem Geschlecht zustehendes Recht betrachten – ebenso wie die wunderbaren, unheimlichen Litaneien auf die Worte »povero figlio, figlio mio«, mit denen ihre Ammen sie gewiegt haben –, sie später, sie und die Frauen, die sie sich nehmen werden, ehelichen Mißverständnissen und Katastrophen ausliefern.

Neben denen des Dramas kamen mir die bekanntesten Züge der neapolitanischen und italienischen Komödie in den Sinn: die berühmte Kunst der ›combinazione‹ (unfähig, sich für etwas zu interessieren, das aus Prinzip geschieht, faul, wenn es sich einer Ordnung zu fügen gilt, widerspenstig jeder Disziplin gegenüber, hat der Mann des Südens eine Vorliebe für alle Schliche und Kniffe, die seine persönlichen Verführungskünste zur

Geltung bringen; er bleibt für immer der kleine Junge, der seine Suppe nicht essen konnte, wenn er nicht für jeden Löffel mit einem besonderen Kosewort bedacht wurde); die kindliche Freundlichkeit der Diebe (sie verbergen sich kaum, und wenig fehlte, so bäten sie einen um das, was sie haben wollen; wenn sie entdeckt werden, verzichten sie gutwillig auf ihre Beute, denn das Ganze war ja nur ein kleiner Streich, den sie einem gespielt haben); der bizarre Charakter mancher Anekdoten (ein Bauer, der seinen Ochsen hinter sich herzieht, kommt nach Neapel; zwei Freunde sehen ihn vorbeigehen. »Gibst du mir deinen Ochsen?« fragt einer den Bauern, der verwirrt weitergeht, ohne zu antworten. »Aber bist du verrückt?« fragte der zweite den ersten, »warum sollte er dir denn seinen Ochsen geben?« – »Bah!« antwortet der andere, »man weiß ja nie ...«) ist unverständlich für jemanden, der die Neigung des Neapolitaners nicht kennt, sich sein Leben lang in tatenloser Unterwerfung einer freundlichen Vorsehung zu überlassen, von der jederzeit wie von der ersten, wirklichen Mutter eine unvorhergesehene Wohltat ausgehen könnte; die Schwierigkeit, das Wort ›danke‹ auszusprechen, denn es gibt nichts, keine Höflichkeit, keine Gefälligkeit, keinen Gunstbeweis oder keine Freigebigkeit, bei der sie nicht in aller Harmlosigkeit überzeugt sind, sie stehe ihnen zu und habe ihnen seit jeher zugestanden.

Ich dachte auch an den Vorrat an Zuversicht, guter Laune und erfinderischer Kühnheit, den ihnen ihre glückliche Kindheit gegeben hat (später merkte ich jedoch, daß ich mich in diesem Punkte geirrt hatte); an das (fragwürdige) Glück, an einem freigebigen Busen liebkost, gewiegt und ernährt worden zu sein; an dieses bedenkenlose Vertrauen in ihren ›guten Stern‹, das ihnen ermöglicht, passiv Demütigungen, Hunger, Elend oder Diktatur zu ertragen; an die Gleichgültigkeit der Bürger gegenüber der Politik, die vom Vater ausgeht und sie folglich nicht interessiert; an das unvermeidliche Scheitern des faschistischen Abenteuers, der faschistischen Rhetorik des Vaters, des faschistischen Versuchs, die väterliche Vorrangstellung wieder einzuführen; an die unerschütterliche Macht der Kirche über ein von der Mutter beherrschtes Volk.

Ich dachte ebenfalls daran, daß ein Mann, der in diesem Lande erzogen worden ist, sich eine Mutter als Gattin und eine Frau als Geliebte nimmt. Er findet diesen Kompromiß natürlich, und man würde ihn in die größte Verwirrung stürzen, wenn man ihm vorschlüge, mit der Scheidung eine Partnerin in sein tägliches Leben zu bringen. Damit war ich an dem dunkelsten Punkt des italienischen Dramas angelangt.

Auf der Reise von der Grenze bis Neapel hatten wir es schon bemerkt: in diesem Land begegnet man sehr selten einem Paar. Wenn wir in einem Restaurant einen Mann und eine Frau allein sahen, waren sie stumm, so als hätten sie einander nichts mehr zu sagen. Meistens saßen Männer und Frauen in Gruppen, Gesellschaften von zehn oder zwölf Personen, ein Schutz vor dem gefürchteten Tête-à-tête; nachts in den Bars waren ausschließlich Männer.

Das Paar ist keine Formel nach italienischem Geschmack. Das ›ja‹, mit dem man sich bindet, bezeichnet nicht den Beginn von etwas, das sich zwischen zwei Personen ereignen wird, sondern eine ein für allemal beglichene Rechnung, eine Sicherung der Zukunft, den Schlußstrich unter eine bestimmte Zeit des Lebens, in der man gefallen mußte, um etwas zu erhalten, und Mühen auf sich nehmen, um sich durchzusetzen. Fast alle Italiener (außer 2%) heiraten nur kirchlich (die Lateran-Verträge ermöglichen dies). Ihre religiösen Überzeugungen spielen bei dieser Entscheidung keine Rolle (Italien ist nicht christlicher als Frankreich). Das Sakrament der Ehe ist das einzige, das sie noch praktizieren, weil es sie nicht veranlaßt, über die eigentliche Natur der Beziehung zwischen Mann und Frau nachzudenken, über die Anstrengung, deren es jeden Tag bedarf, diese Beziehung lebendig zu erhalten.[1] Die Scheidung, die die Unmöglichkeit zweier Menschen sanktioniert, das gemeinsame Abenteuer fortzusetzen, wird in Italien nicht eingeführt werden, solange die Zivilehe nicht zur Sitte wird; und nichts ist unwahrscheinlicher als das, solange die Notwendigkeit, sich zu gefallen, um miteinander zu leben und sich zu vertragen, um sich zu behalten, nicht als Grundlage der ehelichen Verbindung empfunden wird; bevor das gegenseitige Einverständnis nicht auch im täglichen Leben wichtig bleibt, anstatt sich auf den Augenblick der Hochzeit zu beschränken.

Der überzeugendste Beweis der Gleichgültigkeit der Italiener gegenüber allem, was ein Leben zu zweit betrifft, ist die sofortige Veränderung der Frau nach der Hochzeit. Das schlanke, junge Mädchen wird dick und häßlich, wo es auch immer herkommt und über welche Mittel es auch verfügt; sie schlurft in wenig appetitlichem Aufzug durch das Haus; die Sorgfalt, die sie dem

Nachwuchs zugute kommen läßt, beansprucht sie so, daß sie die Pflege, die sie ihrem Körper angedeihen lassen sollte, vergißt; bald geht keinerlei Reiz mehr von ihr aus, ohne daß jedoch der Ehemann Miene machte, darüber ungehalten zu sein. Das Tabu der Jungfräulichkeit, über das man so viel Unsinn geschrieben hat, drückt symbolisch die Resignation der Erwachsenen aus. Warum erzieht man Jungen und Mädchen mit der Vorstellung, daß die physische Unversehrtheit der Frau ein weit wichtigeres Gut sei als Charakter, Intelligenz und sogar Schönheit? Um sie fest davon zu überzeugen, daß die Ehefrau nur ein einziges Mal etwas zu bieten hat. Eine einzige Hochzeitsnacht lang, dann ist sie zu einem Nichts geworden. Sie wünscht sich nicht mehr, begehrenswert zu sein, der Ehemann verlangt nicht mehr, daß sie es ist. Der Austausch hat einzig darin bestanden, daß der Mann ihr seinen Stempel aufgedrückt hat.

Wenn es ihnen auch gleichgültig ist, ob sie sich gefallen, so mißfallen sie sich doch oft derartig, daß sie sich nicht mehr ertragen können. Dramen des Ehezwists beflecken Italien mit Blut. Im Süden neigt man zum Verbrechen, im Norden zur Trennung. Sechzigtausend Paare trennen sich jedes Jahr, ein Fünftel auf gesetzlichem Wege, die anderen auf gemeinsamen Beschluß hin. In einem Zeitraum von zwanzig Jahren sind eine Million zweihunderttausend Ehen auseinandergegangen, zwei und eine halbe Million Personen haben ihre Fesseln abgeworfen, ohne ihre Freiheit wiederzuerlangen (das Gesetz verpflichtet sie sogar, enthaltsam zu bleiben).

Im Norden, auf der anderen Seite des Apennin, ist eine glückliche Ehe nicht außergewöhnlich; die Erfolgschancen sind geringer, je weiter man nach Süden kommt und je früher die Frauen aufhören, anziehend zu sein. Wahrscheinlich wünscht sich in der Industriegegend zwischen Turin und Venedig eine beachtliche Minderheit, ihr Leben als Paar leben zu können und folglich auch die Scheidung. Aber wegen des Südens, wegen der unzähligen jungen und bereits unförmigen Frauen, die durch die Einrichtung der Scheidung zu Einsamkeit und Elend verdammt wären – um so mehr, als niemand ihnen einen Beruf beigebracht hat –, ist eine Reform des Eherechts im Augenblick unmöglich. Eine völlige Änderung der Unterhaltsbestimmungen müßte ihr in jedem Fall vorausgehen. Seit dem hundertjährigen Bestehen Italiens beutet der Norden den Süden aus und bereichert sich auf dessen Kosten, dafür aber knechtet der Süden das sexuelle und moralische Leben der gesamten Halbinsel.

In Rom hatte ich einen bekannten Romancier gefragt, warum die Schriftsteller nicht eine Kampagne zugunsten der Scheidung führten. Sie würde nichts nützen, sagte er mir. Gar nichts? Nein, solange der Vatikan über Italien herrscht. Aber ihr habt doch trotz allem viel Einfluß, antwortete ich. Wir würden nicht unterstützt werden, sagte er mir, das Bürgertum ließe uns im Stich. Unterstützt oder nicht, warum es nicht versuchen? Wenn nicht unter dem Druck der Intellektuellen, wie sollten sich die Dinge sonst ändern? Nach und nach bemerkte ich, daß mein Freund, so sehr er auch Intellektueller und Anhänger eines liberalen Regimes war, doch nicht weniger in dem hintersten und verborgensten Winkel seines Gewissens dem Prinzip der Scheidung fremd gegenüberstand, so als habe ihn diese Frage nie berührt.

Tatsächlich kann man nicht verstehen, warum Italien als einziges zivilisiertes und modernes Land die Scheidung verbietet, wenn man nicht der besonderen Struktur der italienischen Ehe Rechnung trägt. Das Verbot der Scheidung ist ein tiefer greifendes Tabu als jede liberale Überzeugung; tiefer greifend als das Leid, das es verursacht; tiefer greifend als die traditionellen Gesetze der italienischen Gesellschaft. Es ist ein tiefer greifendes Tabu als die Religion, denn die zwangsläufig in wilder Ehe lebenden zweieinhalb Millionen Menschen, zusätzlich all derer, die es freiwillig tun, empören niemanden: Italien ist das einzige Land der Welt, das Ehebruch zum Rang einer offiziellen Einrichtung erhebt. Tiefer greifend als der Sinn für die Familie, denn das bürgerliche Gesetzbuch verbietet einem Mann, selbst wenn er gesetzlich getrennt lebt, die Kinder anzuerkennen, die er von seiner neuen Gefährtin hat. Daher eine zwischen drei oder vier Millionen schwankende Bevölkerung von unehelichen Kindern, die Außenseiter in der Gesellschaft bleiben. (Ihre Papiere trugen bis vor kurzem die entehrenden Buchstaben N. N., Abkürzung der Formel ›Nescio Nomen – Ich kenne den Namen nicht‹, die in der Phantasie des Volkes zu ›Niente Nome – kein Name‹ geworden ist; dort, wo die Namen von Vater und Mutter stehen müßten, ist nun auf ihrer Kennkarte eine leere Stelle; man putzt die Kinder mit einem Phantasienamen heraus, der jeden Verdacht über ihren Ursprung ausschließen soll; der Drangsal eines demütigenden Gesetzes ausgeliefert, den Ängsten einer zweifelhaften Abstammung, rühren sie nicht dein steinernes Herz, o Mutter Mittelmeer?) Tiefer greifend als die Revolution, denn nach dem Krieg, als die linken Parteien sich die Macht mit der Democrazia cristiana teilten und die zwischen Mussolini und Pius XI. geschlossenen Lateranverträge hätten geändert werden können, vor allem die Klausel über die unauflösliche Ehe, sprach sich der Kommunistenführer Togliatti für die feierliche Bestätigung des Konkordats innerhalb der neuen republikanischen Verfassung aus.

Die italienische Ehe schließt eine Auflösung aus dem einfachen Grunde aus, weil sie nicht zwei Partner bindet. Die jungen Mädchen sprechen in ihrer intimen Korrespondenz nicht von einem bestimmen Mann, sondern von dem Mann im allgemeinen, dem anonymen, abstrakten, absoluten ›uomo‹, der offenbar weniger ein Wesen ist, das man lieben und verstehen will, als eine Quelle des Schutzes und der Sicherheit. Die Frauen heiraten einen Vater, der ihnen und ihren Kindern als Tutor dient. Trotzdem bleibt er in ihrem Gefühlsleben ein Kind, um das sie sich mit den anderen Kindern kümmern. Niemals ist er ein Gleichgestellter, niemals kommt ihnen der Gedanke, daß er es sein könnte. Als Angela Merlin vorschlug, die Bordelle abzuschaffen, stieß sie auf mehr Gegner bei den Frauen als bei den Männern. Das Bordell war für sie eine Garantie, daß weder ihre Männer noch ihre Söhne in einem festen Verhältnis endeten. Die Familienmutter behielt die Herrschaft über ihre Männer, die durch ihre eingestandenen und von ihr gebilligten Eskapaden weiterhin unter ihrer Abhängigkeit standen. Sie verließen das eheliche Bett, aber blieben der Wohnung treu. Die Liebe, die ihnen so leicht erreichbar war, hielt sie von männlicheren und folgereicheren Eroberungen ab.

Was die Männer betrifft, so wollen auch sie keine Scheidung. Sie sind ebensowenig fähig wie begierig danach, eine Frau in einer zweiseitigen Beziehung zu lieben, und vergnügen sich damit, die mütterliche Gattin mit Gelegenheitsgeliebten zu betrügen. Ein Wiederaufleben der Streiche, die man der ersten und eigentlichen Mutter gespielt hat. Der Ehebruch würde ihnen weniger Spaß machen ohne die Bewunderung, die sie damit bei ihren Freunden hervorrufen. Eine Verbindung, die sie geheimhalten müßten, interessiert sie schon nicht mehr. Wie man weiß, gibt es sehr wenig wirkliche Leidenschaft in Italien. Wichtig ist nicht die Liebe, sondern häusliches Leben, Bequemlichkeit, Ruhe. Wenn der kindliche Ehemann gezeigt hat, was er kann, fände er es gräßlich, nicht nach Hause zurückkehren zu können.

Es gibt keine Paare in Italien, es hat sie nie gegeben, Mann und Frau haben nie versucht, einander gegenüberzustehen, sich zu vereinen, sich gegenseitig zu bereichern. Die Werke der Literatur bezeugen es. Die großen Paare sind Dante und Beatrice, ein Frommer und eine Tote, die Verlobten Manzonis, getrennt und keusch, Bube und Mara bei Cassola, die vierzehn Jahre warten müssen, bis sie zusammen leben dürfen. Dante hat aus seinem Kult für Beatrice den Archetyp der verbotenen Liebe gemacht, er hat aus der blitzhaften Vereinigung Paolos und Francescas in der kurzen Zeit nur eines Kusses den Archetyp der getrennten Liebe gemacht. Und diese beiden Archetypen haben nicht aufgehört, die italienische Empfindsamkeit zu formen. Entweder geträumte, entfleischlichte Liebe auf Distanz – die Beziehung des Mannes zu seiner Mutter, zu seiner Schwester, zu der Madonna; oder die flüchtige, heimliche Liebe – die Beziehungen zu den Mätressen, den Prostituierten. Eine keusche Exaltation oder eine eilige Hurerei.

Es gibt nicht mehr Paare in der Malerei, in der unerschöpflichen italienischen Malerei, außer bei einigen Esoterikern und Außenseitern der Tradition (Piero di Cosimo, die Schule von Ferrara). Kein Arnolfini auf dieser Seite der Berge. Zwar gab es in Venedig das ›Gewitter‹. Aber durch eine Röntgenuntersuchung wurde kürzlich festgestellt, daß Giorgione an Stelle des jungen Mannes ursprünglich einen nackten weiblichen Körper entworfen hatte. Die junge Mutter ist die Nymphe Io, sie hat ihr Kind von Jupiter, der als Blitz dargestellt ist; der junge Mann ist Merkur. Jupiter hat ihn beauftragt, Io vor dem Zorn Junos zu schützen. Was bleibt von diesem Mann und dieser Frau, von dem scheinbaren Liebespaar, von den Gatten? Zwei einander fremde Komparsen eines mythologischen Abenteuers, das im Himmel geschehen ist.

An diesem Punkte war ich mit meinen Gedanken angelangt, als aus der Jukebox vor der Bar die rauhe, schluchzende Stimme Rita Pavones erklang. »Warum, ach warum nimmst du mich nicht mit zum Fußballspiel?« Die rauhe Stimme beklagte sich darüber, am Sonntag allein zu Hause herumzusitzen. Sie sagt ihrem Galan das Ende ihrer Liebe voraus, wenn er sich weiterhin eifersüchtig zeige und sie am Ausgehen hindere, und droht ihm, anderen Burschen zu folgen, wenn er sie vernachlässige. Vor fünf Jahren noch hieß der beliebteste Schlager in Italien ›Der Efeu‹. Eine klebrige Stimme schwor ihrem Liebsten, was auch immer geschehe, sich um ihn zu schlingen wie der Efeu um den Baum. Nun sang eine Frau mit kriegerischer Stimme und verkündete kühn ihre Absicht, nicht auf sich herumtrampeln zu lassen; und obwohl man ihr oft mangelnde Weiblichkeit vorwarf, hatte diese Frau Millionen von Zuhörern und Bewunderern, auch in Pozzuoli und im rückständigsten Süden. Rührte sich etwas?

Rita Pavone ist die Tochter eines Turiner Arbeiters, aber ich brauchte nicht an ihr offenes, entschiedenes, nordisches, mit Sommersprossen bedecktes Gesicht zu denken, um zu wissen, daß Turin das moderne Italien geformt hat. Cavour hat dort seine Einheit geplant und verwirklicht, Gramsci die Arbeiter von Fiat organisiert; der Antifaschismus war dort beständiger, tatkräftiger als anderswo, der Widerstand dichter. In Turin hat das ›Wirtschaftswunder‹ der Jahre 1950-60 nicht die gleiche Vulgarität hervorgebracht wie in Rom oder Mailand, denn in der Hauptstadt Piemonts gehörte die Industrie bereits zur Zivilisation. Ich konnte auch nicht vergessen, daß die einzigen Italiener, die sich für die Einführung der Scheidung eingesetzt haben, Turiner waren oder sind: der berühmte Peretti-Griva, Präsident des Berufungsgerichtes, der einen Ausweg gefunden hatte, Ehen nichtig zu erklären, bis ein besonderes Gesetz ihn daran hinderte; heute der Staatsanwalt Mario Berutti. Alle Arten des Fortschritts entwickeln sich Hand in Hand: Industrie, Politik, Sexualität und Moral. Und an diesem Abend, am Quai eines vergessenen Hafens, kam Turin Neapel zu Hilfe durch die Stimme eines kleinen, eigensinnigen Mädchens, das vielleicht einmal einen Schlager unters Volk bringen wird, der die Scheidung fordert.

Inzwischen ist Antonio nach Mexiko gegangen. Er hat sich dort mit einer Italienerin verheiratet, die seit fünfzehn Jahren dort wohnt, die er im Krieg kennengelernt und seitdem nicht mehr wiedergesehen hat. Sieben Jahre lang lebte Antonio in Neapel mit der jungen, schönen Delfina zusammen, ohne sie heiraten zu wollen. Das ist der springende Punkt: er wollte sich in Neapel nicht mit der Frau verheiraten, die er liebte. Warum wollte er sie nicht heiraten? Weil er irgendwo im tiefsten Herzen wußte, daß Delfina nicht für ihn gemacht war? Wie viele Ehen scheitern nicht erst im achten Jahr! Weil ihm eine Bindung widerstrebte? Auch das nicht, da er sich anschließend verheiratete.

Antonio vereinte in sich, so extrem sein Fall auch war, die typischen Charaktereigenschaften des Neapolitaners. Klein, rundlich, dunkel, mit samtenen Augen, ständig eine Melodie auf den Lippen, war er das Klischee des neapolitanischen Verführers. Er besaß eine Bar an der Kreuzung des ›rettifilo‹ und der Via Duomo, eine andere, kleinere in Forcella. Um ihn herum gab es stets eine Menge untätiger Freunde und Frauen, denen er galante Dinge ins Ohr flüsterte. Wie viele Abende habe ich mit ihm verbracht, während deren ich mich von der Lust unbestimmter Sensationen, von dem Wiegen unzusammenhängender Sätze und zeitloser Stunden sanft einlullen ließ!

Dieser Mann aber, auf dessen Flatterhaftigkeit man geschworen hätte, sehnte sich nach Treue, und was mehr gilt, er hatte die Kraft dazu. In einem solchen Grad, daß er keine gesetzliche Bindung eingehen wollte, die den Gegenstand seiner Liebe für ihn degradiert hätte.

Was bedeutet die Heirat tatsächlich im Süden? Zweifellos hatte Antonio nicht darüber nachgedacht, sondern nur geahnt mit der Erfahrung, die ihm sein Land gegeben hatte, mit seiner instinktiven Intelligenz und seiner volkstümlichen Intuition, daß die einmal verheiratete Italienerin des kleinen oder mittleren Bürgertums, vor allem die Italienerin, die im Süden geboren und verheiratet ist, 1. sich nicht mehr amüsieren kann oder kein Bedürfnis danach fühlt, 2. sich nicht unabhängig zu machen vermag, 3. immerzu Geschenke fordert, 4. sich weigert, einen Pfennig zu verdienen, 5. ihrem Gatten eine meist zahlreiche Familie aufbürdet, 6. sich in eine Hausfrau und Matrone verwandelt.

Er war spontan auf die alte Wahrheit gestoßen, daß das Risiko eines Bruchs unerläßlich ist, wenn man eine Beziehung zwischen zwei Menschen lebendig erhalten will; und daß es in einem Land ohne Scheidung außer Liebschaften keine sich ständig erneuernde Verbindung und keine dauerhafte Liebe in der Ehe gibt. Wenn Antonio Delfina nicht heiratete, so nicht, weil er sich eine Hintertür offenhalten wollte, sondern weil er dachte, daß ihn die Ehe unwiederbringlich von Delfina getrennt hätte. Er heiratete sie nicht, weil er ihr treu bleiben, weil er sie behalten wollte (mit dem Risiko, sie zu verlieren), genau wie damals, als er sie zum erstenmal sah und begonnen hatte sie zu lieben.

Was tun in Neapel? Natürlich hindert das System Antonios den Mann daran, reif zu werden. Delfina, die ebenfalls eine recht beachtliche Person war, da sie sieben

Jahre lang wartete, bevor sie dem Wunsch nach einer gesellschaftlichen Position und nach Kindern nachgab, verließ Antonio, die Stadt, die Bars von Antonio und die kleine, faule, reizende Kundschaft von Forcella. Plötzlich von Eifersucht gewarnt, stellte sich Antonio in einem einzigen Augenblick sein ganzes Leben vor Augen: den Zwang der Verhältnisse, der eine Existenz in Neapel unweigerlich verdirbt, und den unlösbaren Widerspruch zwischen den notwendigen Bedingungen für den Erfolg eines Ehepaars und den natürlichen und sozialen Folgen eines Verhältnisses.

Er ging also fort. Auch er ist dem Wunsch nach Stabilität und Nachwuchs erlegen. Er heiratete und hat jetzt Kinder von einer Frau, die er, dieser Tristan mit dem Gesicht eines Casanova, fünfzehn Jahre früher kennengelernt hatte. Nun ist er Gatte und Vater, aber fern, in einem Land, in dem die Gesetze die Heirat nicht zu einer tödlichen Katastrophe für die Liebe machen. In einem Land, das die eheliche Bindung als Wahl vorschlägt, anstatt sie als Strafe aufzuerlegen.

Aber wer vermag eine so heroische Entscheidung zu treffen? Die Männer des Südens verzichten meist sehr schnell auf ihre Frauen und beschäftigen sich nur noch mit ihren Kindern. Ich sah sie am Quai von Pozzuoli um die Jukebox herumstehen und den großen Schiffen, die am Horizont entlangglitten, den Rücken kehren, so als wollten sie den Zauber so vieler unmöglicher Mexikos leugnen.

Sie hörten im Halbkreis vor der Bar zu, aber drehten trotzdem den Kopf nach den vorübergehenden jungen Frauen, und zwei lösten sich aus der Gruppe, um zwei Ausländerinnen zu folgen. Die Riten der südlichen Galanterie spielten sich unveränderlich vor meinen Augen ab. Ich fragte mich, wann endlich die Unzufriedenheit und das Fieber dieser von ihrem Blut gequälten Männer aufhören würden. Seit sechs oder sieben Jahren gibt es keine Bordelle mehr. Fehlen sie ihnen? Ist es nicht eher die Erziehung zum Bordell, die ihr Herz vergiftet? Die Gewohnheit an käufliche Liebe haben sie sich bewahrt. Aber wie soll man zu Selbstbestätigung kommen durch Erfolge, die man nicht durch die eigenen Fähigkeiten errungen hat? Unter der Prahlerei des Don Juan glimmt oft die Angst, ein Ekel vor sich selbst. Sie sind schnell befriedigt, schneller noch enttäuscht und haben noch nicht einmal gelernt, ihrerseits zu befriedigen; die vorgetäuschten Seufzer der sie einweihenden Frauen haben sie bei ihren ersten Erfahrungen betrogen; ob Liebhaber oder Ehemann, sie sind ungeschickt geblieben, sie wissen das und leiden darunter. Wäre es nicht anders, wenn sie sich in ihrer Jugend ihre Liebe auf männliche Weise hätten erobern müssen, je nach Gunst und Ungunst der Jagd nach dem Glück?

Ich sah sie hinter den beiden Ausländerinnen hergehen, und die Fischer, die gerade ihre Taue lösen wollten, richteten sich in ihren Barken auf, um die beiden Unbekannten zu betrachten, vielleicht weil sie blond waren und sie sie frei glaubten, aber es gibt noch einen anderen

Grund für diese Neugier: sie haben von der märchenhaften Existenz wirklicher Paare im Norden gehört und von der Erfüllung der Liebe, die von der Plage des Sexus befreit. Jeder sagt sich, daß eine Ausländerin ihn vielleicht als unverwechselbares Wesen ansehen und ihn zum Partner eines Abenteuers machen könnte, das die Italienerinnen, Gattinnen oder Prostituierte, sich weigern mit ihnen zu leben. Aber warum versuchen sie nicht, ihre eigenen Frauen zu verändern, anstatt sich in Träumen zu verzehren? Ich stellte mir diese Frage, auf die ich erst später antworten konnte, denn ein unerwartetes Ereignis fesselte plötzlich meine Aufmerksamkeit. Ein leichter Stoß hatte soeben den Erdboden erschüttert.

Abgesehen von den pendelartigen Schwingungen der Lampe am Eingang der Bar hatte sich nichts bewegt. Aber dieses eine Zeichen wurde augenblicklich verstanden. Die Menge entfernte sich von den Mauern, ein unruhiges Getöse stieg in die Dämmerung auf, schwoll an, breitete sich im Hafen aus, drang durch die Fenster in die hintersten Winkel der dunklen Zimmer.

Die Häuser begannen Kinder, Greise, Frauen, Männer auf den Quai auszuspucken. Viele Männer im Schlafanzug, obwohl es sieben Uhr abends war. Die Kranken wurden auf ihren Matratzen herausgetragen und am Rand des Wassers niedergesetzt. Die Frauen wandten sich gestikulierend den Fassaden zu und stießen laute Schreie aus, obwohl die Häuser keinen Fingerbreit geschwankt hatten und der schwache Stoß ohne Folgen gewesen war.

Aber die Erde hatte gebebt, und im tiefsten Gedächtnis dieser Kinder Vulkans lebte noch die Erinnerung an die sechzigtausend Toten in Messina. »Terremoto! Terremoto!« brüllten die Frauen, indem sie hin- und herschaukelten, um nachzuahmen, was sie gesehen zu haben glaubten. Wir schlugen die Straße nach Neapel ein. Rechts und links dicht gedrängt die Bevölkerung mit ihren Ballen und Bündeln. Alle Augen waren auf die Häuser gerichtet, so als ob sie im nächsten Augenblick zusammenstürzen müßten. In der Nähe des Tunnels wurde das Fahren schwierig. Ich ließ meinen Wagen am Beginn der Via Chiaia, und wir wanderten zusammen mit der von Panik aufgescheuchten Herde, die aus den höher gelegenen Vierteln zum Meer floh.

Schon kampierten Tausende von Familien mit ihren Habseligkeiten auf den Plätzen inmitten von Betten, Matratzen, Möbeln, Autos.

In riesigen Buchstaben in der ersten Sonderausgabe der Zeitungen: schweres Erdbeben in Neapel, sechs Tote. Ich erfuhr beim Lesen des Artikels, daß fünf von den sechs Opfern alte Männer gewesen waren, die die Aufregung getötet hatte. Außerdem war ein Stück Geländer auf ein junges Mädchen gefallen und hatte ihm beide Beine gebrochen. Da kein Autofahrer sich die Zeit genommen hatte, sie aufzulesen und in ein Krankenhaus zu fahren, war die Arme, verlassen auf dem Bürgersteig, ihren inneren Blutungen erlegen. Aber wer gab sich damit ab, diese Einzelheiten zu lesen? Wer überhaupt konnte lesen? Die Menge wiederholte: sechs Tote! und die Familien ergossen sich auf die Plätze wie ein aufgehetztes Rudel Rehe. Würde man auf dem Marktplatz, in dem ältesten Viertel Neapels, das Halali blasen? Auf dieser großen, unwirklichen Fläche, deren Stille in anderen Nächten nur den Mond und die Katzen anzieht, war jetzt eine brodelnde Menge, ein unsinniger Wust von Dingen und erregten Menschen; die im Halbkreis stehenden Pfeiler, an die man früher die Pferde band, dienten als Aufhänger für eilig aus den Häusern mitgenommene Kleidungsstücke; und die kraftlos daliegenden Frauenkörper ließen nicht einen Daumenbreit Erde frei.

Die ganze Nacht lang wanderte ich umher. Von einem gewissen Zeitpunkt an schien es mir, als habe die Tatsache, auf der Erde zu liegen, nichts mehr mit dem ursprünglichen Anlaß zu tun; die Leute hatten die im Erdboden versteckten Drohungen vergessen; ihr Auszug hatte sie in einen Ausnahmezustand versetzt, aus dem sie sich nicht mehr zu lösen gedachten, weil er ihrer eigentlichen Natur entsprach. Und unzählige Fragen kamen mir in den Sinn. Zeigte das Verlassen der Häuser und die Versammlung auf den Plätzen wirklich nur, daß sie Angst hatten, unter Trümmern zu sterben? War nicht in der Hast, mit der sie von zu Hause flohen, und in ihrem Wunsch, bei den anderen zu sein, die unbestimmte Sehnsucht nach einem Leben, in dem ein getrenntes Wohnen unbekannt wäre, in dem die Gesellschaft nicht jeden, nicht jede Familie zwänge, sich hinter den Mauern einer Wohnung einzuschließen, in dem sogar der Begriff des einzelnen, des Privatmenschen, des Individuums keine Gültigkeit mehr hätte? Schoben die Neapolitaner, durch die eben gefühlte Angst aus dem eigenen Ich vertrieben, nicht absichtlich den Augenblick des Wiederzusichkommens hinaus?

Ich wanderte in der völlig ruhigen Nacht zwischen diesen im Halbschlaf ruhenden Körpern einher. Wenn ich hier und dort in den schweigenden Hof eines Wohnhauses eintrat, verblüfften mich die gigantischen Ausmaße der Treppenhäuser, die Anordnung der Galerien und Balkone, die Schattenblöcke, die leeren Räume, die Lücken in den Fassadenreihen, alle Einzelheiten einer Architektur, die nicht gemacht ist, um zu halten und einzuschließen. Als ich zu den Schläfern, zu den nächtlichen Träumern zurückkehrte, hörte ich ihr friedliches Atmen. Genossen sie es nicht im geheimen, mit dem Bewußtsein des Ortes, an dem sie sich befanden, auch das Bewußtsein dessen verloren zu haben, was jeder von ihnen auf der Welt darstellte, das Bewußtsein ihres Körpers, ihrer Funktion, ihrer Identität?

Wie alle Bürger einer modernen Großstadt wünschen sich die Neapolitaner zweifellos, anständig untergebracht zu sein. Und ich glaube sogar, daß sie öfter und intensiver als andere von dem Tag träumen, an dem sie es nicht mehr nötig haben werden, der Straße den Vorzug vor ihrer armseligen Wohnung zu geben. Aber gleichzeitig bin ich davon überzeugt, daß sie auf einer anderen Ebene als der ihrer bewußten Forderungen wünschten, in eine Welt zurückzukehren, in der es keine Häuser, keine Wohnungen und Riegel mehr gäbe, ebensowenig wie die Pflicht, sich eine eigene Identität zu erwerben.

Diese Nacht des Schreckens war für sie dennoch eine Nacht der Befreiung. Sie lagen so eng beieinander, daß das individuelle Bewußtsein aufgehoben wurde und gleichzeitig die lange, schmerzhafte Anstrengung, deren es bedurft hatte, um dieses Bewußtsein im Laufe von Jahrhunderten, von Jahrtausenden aufzubauen, während deren sie sich von ihren Nachbarn gelöst, sich jeder für sich in gehaßter Einsamkeit isoliert und eine psychologische Form angenommen hatten, die sie ohne den Druck des Fortschritts und der Zivilisation niemals gewollt hätten. Alle Grenzen zwischen ihnen, Grenzen der Persönlichkeit, des Charakters oder Willens, mühsam errichtet im Laufe der Zeitalter, waren durchbrochen durch den Zauber dieser Nacht. Und wenn ich noch Verwirrung auf den Gesichtern sah, so war es nicht mehr nur Todesangst, sondern die süße, unvorhergesehene, wunderbare Euphorie, nichts mehr von sich selbst zu wissen, frei zu sein von der Last der Identität und des Bewußtseins.

Am nächsten Morgen kehrte jeder nach Hause zurück und erlangte seine Persönlichkeit wieder. Die Nacht des Erdbebens, des improvisierten Kampierens auf den Plätzen, der Massenflucht aus den Einzelwohnungen, der Aufhebung der individuellen Grenzen konnte nur eine Ausnahme sein, die ungewöhnliche Gelegenheit, tausend Jahre rückwärts zu gehen und den zurückgelegten Weg zu verleugnen. Eine der Eigenheiten Neapels ist es, zwischen zwei Welten zu stehen: der Welt, in der man zu arm und zu unglücklich ist, um es zu wagen, sich selbst ins Gesicht zu sehen, und der Welt, in der man zu sehr in das Licht verliebt ist, um nicht zu wünschen, es doch zu tun.

Magisches Leben im Urzustand gibt es nur noch in manchen Höhlen der Troglodyten; es wird von der allgemeinen Bewegung der ›Vernunft‹ bekämpft, die sogar auf dieses kleine Volk abgefärbt hat. Neben denen, die weiterhin in einer chronischen Verworrenheit leben, haben andere gelernt, sich mutig ins Gesicht zu blicken, sich selbst zu leben und sich nur auf sich selbst zu verlassen, selbst wenn eine so schreckliche Nacht alle unterschiedslos in eine wirre Dämmerung zurückgeworfen hat.

Als ich mir zwei Tage nach diesem Ereignis recht und schlecht einen Weg durch die zahllosen Autos suche, die Rad bei Rad stehen, sage ich mir: gewiß ist dies hier der Beweis, daß es weniger Elend in Neapel gibt; hier zeigt sich, wie man sich abzusondern und einzuschließen lernt. Jeder für sich in seinem Stahlgehäuse! Wie brutal sie fahren! Die Fußgänger haben kaum Zeit, hierhin und dorthin zu springen, um ihnen den Weg freizugeben. Beim Lenken ihrer winzigen Maschinen entdecken sie die Macht des Individuums und fordern diese Macht mit der Heftigkeit und Wut derer, die zu spät kommen. In Form dieser kleinen arroganten Wagen stürzt sich Europa in die Straßen Neapels und erdrückt an den Mauern das kleine Leben der Stadtviertel, Afrika und den Orient. Aber ein Mann, welcher Mann auch immer, ist im Vollgefühl seiner Person nur, wenn er einer Frau gegenübersteht. Der Mann des Südens, der unterschiedslos alle Frauen verfolgt und Kinder am laufenden Band zeugt, der die Ausländerinnen in den Straßen in der Hoffnung jagt, der Besessenheit seines Geschlechtes zu entgehen, ohne aber von der Italienerin zu verlangen, ihn davon zu befreien, der Mann des Südens bewegt sich noch heute nur tastend in der unpersönlichen Nacht des Instinkts, weil er sich dadurch sicherer fühlt. Der Kampf der Geschlechter hat in diesem Teil der Welt noch nicht begonnen, weil es keine Gegner gibt, die sich mit offenem Visier und nackten Händen gegenübertreten. Eine einzige Frau und eine vernünftige Zahl von Vaterschaften wollen diese Männer nicht, weil sie sonst zu einem Bild ihrer selbst erstarrten, das sie ebenso fürchten, wie sie es sich wünschen. Obwohl sie wissen, daß sie die Verworrenheit der Höhlen aufgeben müssen, um modern, zivilisiert und europäisch zu sein, verfluchen sie diese Notwendigkeit. Die erotische Raserei des Neapolitaners ist seine Art, sich gegen eine allzu starre Identität zu wehren. Er verharrt durch sein Sexualleben in einem austauschbaren, undifferenzierten Dasein, in einem ewigen Erdbeben infantiler Impulse, in der mythischen Erinnerung an seine gesichtslose Vergangenheit.

Die Vergeblichkeit der Geschichte

Salerno, das wir über die neue, die amalfitanische Halbinsel durchquerende Autobahn erreichen, ist die letzte bedeutende Stadt vor dem großen Süden. Die Alliierten, die bereits Sizilien erobert hatten, landeten am 9. September 1943 in diesem Hafen und an den benachbarten Ufern. Mussolini war fünfundvierzig Tage zuvor abgesetzt worden, und Marschall Badoglio, der vom König zum Regierungschef ernannt worden war, hatte kurz vorher den Waffenstillstand mit General Eisenhower unterzeichnet. Kalabrien, Lukanien, Apulien und Kampanien waren bald in der Macht der anglo-amerikanischen Truppen. Neapel hatte sie nicht erwartet; im Kampf gegen die deutsche Garnison waren die Patrioten nach viertägigem Gefecht siegreich gewesen. Abgesehen von dieser Episode und einigen anderen, weniger wichtigen, wechselten die südlichen Provinzen direkt von den Händen Mussolinis in die der Alliierten über, von einer Diktatur zu einer Besetzung. Ihre Bewohner hatten weder Zeit noch Gelegenheit, sich zu Partisanengruppen zusammenzuschließen. Nachdem der Süden so oft im Laufe der Geschichte geplündert worden war, kam er nun auch um die Erfahrung, die das ganze übrige Italien zu einem Umsturz führte: die Resistenza, die Erlernung militärischen Mutes und politischer Verantwortung.

Die Alliierten stießen mit den Deutschen zwischen Neapel und Rom in der Nähe der Abtei Monte Cassino zusammen. Die Linien wurden erst im Frühling 1944 durchbrochen, Rom im Mai, Florenz im August befreit. Dann ein neuer Aufenthalt am Apennin, den ganzen folgenden Winter hindurch. Die Po-Ebene, Bologna, Mailand, Turin und Genua blieben bis April 1945 in deutschen Händen.

Es gab also vom September 1943 bis zum April 1945 drei Italien. Ein Italien im Süden, das den Herrn wechselte, ohne seine Gewohnheiten zu ändern; ein Italien der Mitte, in dem der Widerstand acht bis zwölf Monate lang in Aktion treten konnte; ein Italien im Norden, in dem sich das Partisanentum mit allen seinen wichtigen Folgen zwanzig Monate lang entfaltete. Zwanzig Monate lang hielten die Aufständischen in den Tälern Piemonts und der Lombardei die deutschen Streitkräfte und die wieder von Mussolini eingesetzten faschistischen Brigaden in Schach. Im Oktober 1944 wurden von den sechsundzwanzig deutschen Divisionen, die man auf die Halbinsel geschickt hatte, um den Vormarsch der Alliierten aufzuhalten, bis zu acht gegen die Truppen des

Maquis eingesetzt. Zweiundsiebzigtausend Patrioten fielen in diesem Befreiungskrieg, vierzigtausend blieben verletzt oder invalide. Mehrere Orte wurden von den Nazis verwüstet und in Brand gesteckt. Diese Oradours heißen Boves, Cumiana, Sant'Anna di Versilia. In Marzabotto in der Provinz Bologna wurden zweitausend Frauen und Kinder vor den rauchenden Trümmern ihrer Häuser erschossen.

Trotzdem verhalf diese Zeit der Massaker und Schrekken den Männern des Nordens zu dem demokratischen Bewußtsein, das Italien immer gefehlt hat. Das nationale Befreiungskomitee, das aus Vertretern der verschiedenen antifaschistischen Parteien bestand, die sich im verborgenen gehalten hatten oder heimlich gegründet worden waren, und das Kommunisten wie Katholiken umfaßte, begnügte sich nicht damit, militärische Operationen durchzuführen. Es gab den Partisanen auch eine politische Erziehung, und nach der siegreichen Erhebung in Genua, Turin, Mailand und Bologna stellten die Partisanen die Kader für die neue Verwaltung.

Die Erfahrungen der Männer des Widerstandes während ihrer beiden Kampfjahre waren entscheidend für die Geschichte des modernen Italien. Von der Einigung Italiens bis zum Sturz des Faschismus hatte ein allgemeines Übel den Staat geschwächt: die politische Gleichgültigkeit der Massen und der Wucher, den die Kamarilla der Politiker mit den Ämtern trieb. Eine Untersuchung der sozialen Zusammensetzung des Widerstandes macht deutlich, in welchem Umfang das öffentliche Bewußtsein erwacht war. Chabod, der beste Historiker dieser Zeit, gibt folgende Ziffern für Piemont: 30,51% Arbeiter, 29,83% Mittelstand, 20,39% Handwerker, 5,64% wohlhabende Schichten. Statistik ohne absoluten Wert allerdings, da man sie mit anderen über die allgemeine Aufteilung der Bevölkerung in Arbeiter, Mittelstand, Bauern, Handwerker usw. vergleichen müßte. Dennoch zeigt sie die Teilnahme aller Klassen am Befreiungskampf. Zum erstenmal in der Geschichte des modernen Italien nahm die Masse aktiv und persönlich am politischen Leben teil. Italien hörte auf, ein abstraktes Gebilde zu sein, der Staat, der zu Gehorsam und damit zu Haß zwingt. Es wurde wirklich zur res publica, zur öffentlichen Sache, die denen gehört, die sie machen und die bereit sind, für sie zu sterben.

Zweifellos gelang es den konservativen Kräften, gleich nach dem Ende der Feindseligkeiten der neuen führenden Klasse, die sich im Maquis gebildet hatte, die Macht zu stehlen: während der Krieg im Norden weiterging, hatte das alte Räderwerk des Staates sich wieder zu drehen begonnen, waren der römischen Bürokratie ihre Privilegien zurückgegeben worden. Der Widerstand war in Rom nur acht Monate lang aktiv gewesen, und überdies hatte der Papst, indem er sich als Retter der Ewigen Stadt zujubeln ließ, den Partisanen die Früchte ihrer Bemühungen vor der Nase weggeschnappt. Die Restauration des kapitalistischen, bürgerlichen Staates war also eine Niederlage für die Kämpfer des Maquis. Aber das Interesse daran, die öffentlichen Angelegenheiten zu kontrollieren und der Demokratie Achtung zu verschaffen, bleibt in den nördlichen Großstädten lebendig genug, um jeden Versuch einer neofaschistischen Vergeltung mit einer Volkserhebung zu verhindern, und die einander folgenden Regierungen müssen sich wohl oder übel zu sozialistischen Reformen verpflichten, die nicht wieder rückgängig zu machen sind.

Der Süden lernte die Schrecken des Krieges nicht kennen (außer Neapel, Foggia, Tarent, Palermo und anderen bombardierten Städten), erhielt aber auch nicht seinen starken Ansporn. Es ist bedauerlich, daß die nationalen Befreiungskomitees nicht die Zeit hatten, sich in Neapel, in Kalabrien und Apulien festzusetzen: die Alliierten siegten zu schnell, und die Menschen des Südens sahen wieder einmal ihr Geschick besiegelt, ohne irgendwelchen Anteil daran nehmen zu können. Die Befreiung war nicht ihre Befreiung, sie spielten keine andere Rolle dabei, als Opfer der Bomben zu sein und auf ihren Straßen Uniformen vorbeiziehen zu sehen, die bald die eine, bald die andere Farbe hatten. Das Verschwinden des Faschismus zerstörte keine ihrer alten Abhängigkeiten: da die erste aller Freiheiten, die darin besteht, sich selbst zu regieren, ihnen versagt war, behielten sie auch alle anderen Sklavendienste bei, den der Arbeit und den des Geschlechtes, und ihren alten Fatalismus und ihr Mißtrauen und ihre Isolierung.

Immer ein Regime zu spät: waren die Bourbonen gegen den König von Piemont gewesen, sind sie heute Monarchisten gegen die Republik. Mehr denn je ist der Staat ihr Feind. Das Mißverständnis ist nicht neu und geht auf die Zeit zurück, als Piemont nach den ruhmreichen Feldzügen des Risorgimento zweifelhaftere unternahm, um die Provinzen des aufbegehrenden Südens zu unterwerfen. Die Kriege gegen Österreich hatten Italien sechstausend Tote gekostet, die Opfer des Brigantentums und der Unterdrückung zwischen 1860 und 1865 beliefen sich auf Zehntausende. Und wer waren diese Banditen? Bauern, die danach lechzten, sich für ihr Elend zu rächen, Priester, die erbittert waren über die Einziehung der kirchlichen Güter (war nicht auch Cavour exkommuniziert worden, brauchte die Kirche nicht sechzig Jahre, bis sie den italienischen Staat anerkannte, und die Katholiken vierunddreißig, bevor sie am politischen Leben teilzunehmen geruhten?), Kriegsdienstverweigerer, Deserteure. Sie fanden Unterstützung bei den Reichen, die immer noch die Hoffnung auf eine Rückkehr von Franz II., dem letzten, nach Rom geflohenen König von Neapel, nicht aufgegeben hatten, wie auch bei den Armen, denen man die Vorteile einer bourbonischen Restauration vor Augen hielt. Der Vatikan ermutigte sie. Man schickte aus Rom einen spanischen General, der ihre Aktionen koordinieren sollte. Einer der wildesten Banditenführer, Carmine Crocco, gleichgültig aller Politik gegenüber und zynisch, gab als Hauptmotiv der Rebellion an, er wollte den kriegstüchtigen Soldaten der piemontesischen Armee beweisen, daß die dreckigen Süditaliener in der Lage seien, ihnen Widerstand zu leisten. Das Gefühl, nicht in seinem Wert erkannt zu werden, läßt den Süden weiterhin zwischen zwei anarchischen Versuchungen hin und her schwanken; der, die Arme zu verschränken und nichts zu tun, und der, ein todbringendes Gewehr in die Hand zu nehmen.

Wir fahren an Salerno vorüber, an den wieder aufgebauten Häusern, dem Hafen, dem Strand, an dem sich eines der großartigsten Ereignisse der Geschichte abgespielt hat, ohne die Bewohner der Gegend in die Geschichte einzubeziehen. Sie sind außerhalb der Zeit geblieben, gefesselt an ihre reglosen Felder und an ihre ferne Vergangenheit, ausgeschlossen von der vernunftbedingten Sprache der Demokratie. Wie werden sie lernen, sich wie Menschen auszudrücken, anstatt zwischen passiver Unterwerfung und blindem Aufruhr hin und her zu schwanken?

Revolte und Gewalt, wir werden sie in Sardinien wiederfinden, in Sizilien. Fürs erste dringen wir in die Tiefebene des Sele ein, in die graue Einsamkeit der Tempel von Paestum. Die Hirten rufen ihre Büffel mit melancholischen, resignierten Schreien. Jedes Tier hat einen ganzen Satz als Namen, den es von ferne erkennt, einen von Ochsentreibern erfundenen Satz, den sie in langen Stunden der Sammlung erdacht haben. »Auch die Hunde sind traurig.« – »Auf dem Stroh müssen wir sterben.« – »Der Kern steckt dir in der Kehle.« – »Weine, du hast Grund dazu.« – »Der Herr tut, was er will.« – »Faß ihr an die Brust, sie erlaubt es.«

Ein junger Mann, der Büffelhirte war, gestand bei einer Umfrage, daß er niemals in Neapel oder Salerno gewesen sei; er ging einmal im Jahr nach Eboli, wo er Radio gehört und einige Filme gesehen hatte, an deren Inhalt er sich nicht mehr erinnern konnte; er vermochte in einer Zeitung das Bild Coppis zu erkennen, hatte aber keinerlei Vorstellung vom Gebrauch der Gillette-Rasierklingen, die auf einem Werbeplakat abgebildet waren. Keine anderen Freunde in dieser Wüste, keine anderen Gesprächspartner als seine Tiere; und wenn er die Namen der jungen Büffel nacheinander rief, so klang es wie ein Gedicht, das er morgens aufsagte, um sie zum Hinausgehen aufzufordern, abends, um sie von der Weide zurückzuholen.

Zwischen der Ebene von Paestum und dem Beginn der kalabrischen Küste liegt der Gebirgsvorsprung des Cilento, mit dem Kampanien endet. Ein trockenes, aber großartiges Gelände, von wo man zwischen zwei Steilhängen wie eine grausame Gottheit das Meer aufblitzen sieht. Durch das ausgetrocknete Bett eines Flusses, der am Ende eines felsigen Tales hinter dem Kap Palinuro in das Meer fließt, kommen wir an seine breite Mündung – graue Sandstreifen unter dem Rosa der Felsen. Schweigend flicken Fischer ihre Netze; ihre bunten Boote haben sie neben sich auf den Kies gezogen; ein Vogel schreit, und der Wind murmelt im Schilf. Diese Männer sind über das Meer gekommen, und das Meer wird sie wieder forttragen. Möwe, Welle und Mensch gegen Himmel und Felsen.

Später in den Bergen: in den Olivenhainen knistern die Grillen. Auf halber Höhe zusammengedrängt bleichen die Weiler in der Sonne wie zurückgelassene Knochen. Eine Frau sieht uns auf einem Saumpfad zu einem Kastanienwald über ihrem Dorf hinaufsteigen.

Wir bleiben eine Stunde lang in dem Kastanienwald und atmen den starken, kräftigen Geruch der Erde ein. Die Frau, die uns hat fortgehen sehen, erwartet uns auf dem kleinen Platz oberhalb des Dorfes. Vor diesem Paar, das da für eine ganze Stunde in dem Wald verschwunden war, richtet sie sich zu voller Höhe auf und macht ein entsprechendes Gesicht. Sie hat eben mit reichlich Wasser zwei junge Schweine gewaschen, die sich um den Brunnen herum nachjagen. Ernsthaft, majestätisch, mit der unvergleichlichen Haltung von Frauen, die Krüge oder Bündel auf dem Kopf zu tragen gewohnt sind, schaut sie uns streng an. »Hier ist die Kirche«, sagt sie uns und zeigt uns eine Kapelle am Ende des Platzes. »Die Kirche der Madonna.« Wir tun so, als verstünden wir nicht die Aufforderung, uns für die offensichtlich im Wald begangene Sünde zu reinigen.[2] Wir beglückwünschen sie zu der Ausgelassenheit und der rosigen Haut ihrer Schweine. Sie springen herum, ganz glatt und ganz nackt. Daraufhin sagt sie, ein nachsichtiges Lächeln auf ihrem strengen Gesicht: »Auch sie amüsieren sich.« Sie ist froh, uns mit den Schweinen verglichen zu haben, mit den unschuldigen Tieren: sie hat diesen Ausweg gefunden, um uns das unterstellte Vergehen zu verzeihen, uns die Gewissensbisse zu nehmen. Und wir lächeln unsererseits, das Herz in Frieden, wie sie es möchte. Wenn wir schon nicht in die Kirche gehen, um die Schweine kommen wir nicht herum. Wir kommen nicht um das Lächeln herum, das das Gesicht dieser Frau erhellt, der Hüterin der Moral in diesem Dorf, die aber keineswegs so unversöhnlich ist, daß sie sich nicht darüber freute, uns entschuldigt zu haben.

Acciaroli. Eine Nacht wie bei Caravaggio. Das kleine Hotel geht auf das Meer hinaus. Bis übers Knie im Wasser stehend, fischen die Männer im orangenen Schein ihrer Lampen. Ein gravierter Stein in der Mauer, den man zu Ehren eines gewissen Dottore Pantieri (1840-1872) angebracht hat, verewigt auch an diesen Ufern die Erinnerung an den Bürgerkrieg.

CAREZZATO NELLA CULLA DALLO
STESSO SPIRITO DIVINO
CHE INFIAMMÒ IL GENIO
GIAMBATTISTA VICO
COMPOSE VERSI ALLA LODE DELLE SUE TERRE
E RICONDUSSE I SUOI CONTERRANEI
SMARRITI NELLE NEBULOSE CONCEZIONI NORDICHE
A QUELLE PRECISE CHRISTIANE DEL SUD[3]

Der Süden

Die Südfrage

Nun muß ich wohl, wenn ich überhaupt noch etwas auf dieser Reise verstehen will, die berühmte ›Südfrage‹ anschneiden; das heißt, die Suche nach Gründen dafür, daß der Süden nicht nur ärmer als Norditalien ist, sondern auch immer noch ärmer und rückständiger wird. 1950, neunzig Jahre nach der Einigung Italiens, war das Einkommen pro Kopf im Norden doppelt so hoch wie im Süden; heute, nach mehr als zehn Jahren ›Wirtschaftswunder‹, übersteigt das Einkommen des Mailänders das des Kalabresen und Sizilianers um das Vierfache. Man müßte lange vor 1860 anfangen: daran erinnern, daß von der griechischen Invasion bis zur Herrschaft der Bourbonen die südlichen Provinzen von einer fremden Hand in die andere wechselten; daß Einfälle, Plünderungen, Unterdrückung einander fast unaufhörlich folgten; daß es vom zehnten bis zum zwölften Jahrhundert eine glückliche Ausnahme gab, als die Normannenkönige und die Republik von Amalfi herrschten (Amalfi war damals die blühendste Stadt der Halbinsel) und als der große Friedrich, der Dichterkaiser und Freund des Islam und der Architektur, die Macht des Adels herabsetzte und die Befugnisse des Klerus einschränkte; dagegen eine Verschlechterung während der dreihundertjährigen spanischen Hegemonie, die das Land der Präpotenz der großen Feudalherren auslieferte – ich wage das Wort Präpotenz, da es allein das Gemisch von Brutalität, Stolz,

Verachtung und Unwissenheit ausdrückt, das seit jeher die Reichen und Mächtigen des Südens aufgebläht hat. Man müßte die Unfruchtbarkeit des Bodens und der tieferen Erdschichten beschreiben, die Stärke der Sonneneinstrahlung im Sommer, die Verwüstungen durch die winterlichen Regen in tonhaltigen Gebieten, die Plage der Malaria und der Abholzung, den zweifelhaften Gewinn der Auswanderung, die Abgeschiedenheit der auf einem Hügel zusammengedrängten Dörfer, die Kommunikationsschwierigkeiten, die Korruption der Verwaltung, die unendliche Menge armer, analphabetischer Bauern, die Stimmvieh sind, die Faulheit und Unfähigkeit der Mittelschicht, die Machtlosigkeit der Intellektuellen, die Mutlosigkeit aller vor dem Schicksal.

Inmitten dieses trostlosen Bildes müßte man mit dunkleren Farben das Jahr 1860 und die Folgen der Einigung malen. Die Angliederung des Königreiches von Neapel an die Monarchie von Savoyen löste nicht nur keines der südlichen Probleme, sondern fügte dem besonderen Unglück des Südens auch noch Mißverständnisse und Reibereien mit den Beamten des Nordens hinzu und das Gefühl, nicht geliebt und verstanden zu werden. Die Piemontesen, die man als Befreier hätte empfangen können, wußten nur die Rolle einer Besatzungsmacht zu spielen. Cavour und die nachfolgenden Präsidenten hielten es nicht für nötig, in eigener Person in die südlichen Provinzen zu kommen. Getäuscht von der Erinnerung an die Antike, die das Bild eines fruchtbaren und blühenden Großgriechenland überliefert, waren sie überzeugt davon, daß es kein Gebiet gebe, in dem die Natur freigebiger sei. Wenn Elend dort herrschte, so lag der Fehler bei der Trägheit und Unfähigkeit der Bewohner. Malaria? Eine polemische Erfindung. Einige Jahre guter parlamentarischer Regierung müßten genügen, um die Ordnung wiederherzustellen, ohne daß es nötig gewesen wäre, eine wissenschaftliche Untersuchung über die Bedingungen des Südens in Auftrag zu geben und eine besondere Gesetzgebung auszuarbeiten. Für viele Piemontesen und Lombarden ist Rom auch heute noch die äußerste Grenze ihrer Reise in den Süden; jenseits davon beginnt nach dem immer noch fest verankerten Mythos ein vom Himmel begünstigtes, aber durch die Unfähigkeit seiner Bewohner verdammtes Land.

Das Verdienst, die ›Südfrage‹ aufgeworfen zu haben, kommt einigen Südländern zu. Als sie die negativen Ergebnisse der Einigung und die Vergrößerung der Kluft zwischen den beiden Hälften der Nation sahen, waren sie so enttäuscht und verbittert, daß sie sowohl ihre eigenen Fehler wie auch die Irrtümer der piemontesischen Politik, die Struktur des neuen Staates und selbst das Prinzip der Einheit einer schonungslosen Kritik unterzogen. Während man in der Welt die Dichter und Romanciers kennt, die Neapel und Sizilien seit einem Jahrhundert ständig hervorbringen, fand das Werk dieser Historiker oder Essayisten, die meist aus kleinen, im Süden der Halbinsel verlorenen Dörfern stammen, nur im Inland Gehör. Kampanien hat Pasquale Villari und Guido Dorso hervorgebracht, Lukanien Giustino Fortunato und Francesco Saverio Nitti. Apulien Gaetano Salvemini und Tommaso Fiore, Sizilien Napoleone Colajanni, Sardinien Antonio Gramsci. Zwei Toskaner, Franchetti und Sonnino, ergriffen 1870 die Initiative zu einer

Untersuchung über Sizilien. Heute ist der leidenschaftlichste Meridionalist der Neapolitaner Francesco Compagna, während der Turiner Carlo Levi, ein Zufallsmeridionalist, in diese zuweilen trockene, literarische Gattung eine neue Dimension eingeführt hat: die Poesie.[4] Aber, man braucht es kaum zu sagen, diese Schriftsteller, die die ›Südfrage‹ aufwarfen und jedem Italiener als Gewissensfrage vorlegten, luden sie gleichzeitig mit ihren Leidenschaften und ihrem Groll auf, so daß es nicht immer leicht ist, sich zurechtzufinden.

Wer ist verantwortlich für das materielle und moralische Elend des Südens? Die Natur, die Geschichte, die Gesellschaft? Fortunato vertrat die These der ›naturbedingten Unterlegenheit‹ des Südens: in die Länge gezogen oder in Inseln aufgelöst, ohne bequeme Kommunikationsmittel, Regengüssen im Winter ausgesetzt, tropischer Trockenheit im Sommer, ohne Rohstoffe und Energiequellen, sei der Süden zwangsläufig dazu bestimmt, »sehr wenig zu gelten«. Eine heute nicht mehr gültige These, der jedoch das Verdienst zukommt, die Aufmerksamkeit auf die tatsächliche Armut des angeblichen ›Gartens der Hesperiden‹ gelenkt zu haben.

Die anderen Meridionalisten folgten Fortunato in einem Punkte: auch sie griffen die Finanz- und Wirtschaftspolitik des neuen Einheitsstaates an. Piemont hatte sich mindestens fünf Fehler zuschulden kommen lassen. 1. Es stützte sich auf die alte Führungsschicht der Bourbonenzeit in der illusorischen Annahme, sie könne die Aufgaben übernehmen, die das Bürgertum in Norditalien erfüllte (Franchetti, Colajanni). 2. Es dehnte sein Steuersystem, das für ein bereits industrialisiertes, reiches Land berechnet war, auf arme, rückständige Provinzen aus (Salvemini, Dorso). Die Erhöhung der Weizensteuer trieb die Ungerechtigkeit auf die Spitze: das arme Sizilien mußte dem Fiskus ebensoviel zahlen wie die steinreiche Lombardei. Weit vor Salvatore Giuliano und den Separatisten von 1943 vertrat Franchetti den Standpunkt: wenn die Zentralregierung die Gerechtigkeit derartig mit Füßen trete, müsse man der Insel ihre Unabhängigkeit zurückgeben. 3. Es zwang die südlichen Provinzen, die 1860 keine Schulden hatten, die Zinsen der eigenen Schulden zu zahlen (Salvemini). 4. Indem es zugunsten der nationalen Finanzen die Kirchengüter im Königreich Neapel und in Sizilien konfiszierte, brachte es den Süden um ganz erhebliches Kapital (Salvemini). 5. Sein schlimmster Fehler schließlich: es baute zum Schutz seiner entstehenden Industrien Zollschranken zwischen Frankreich und Italien auf, ohne darauf zu achten, daß die Wein und Südfrüchte exportierenden Bauern des Südens durch diesen Protektionismus ruiniert wurden (Fortunato, Salvemini, Dorso).

Trotzdem hütete sich Fortunato davor, die Einheit als solche anzugreifen. »Wer vom Verfall des Südens spricht, hat nicht die geringste Ahnung davon, was der Süden vor einem halben Jahrhundert tatsächlich war ... Warum nicht anerkennen, daß wir in nur einem halben Jahrhundert freier, parlamentarischer Regierung einen großartigen Weg zurückgelegt haben?« (1908). »Ich habe immer laut gegen diejenigen meiner Landsleute protestiert, die behaupten, daß der Süden während des Einheitsregimes vom Norden ausgesaugt, ja geradezu bestohlen worden sei« (1909).

Dagegen Gaetano Salvemini: »Die Einigung Italiens war für den Süden eine wirkliche Katastrophe, und der letzte der Bourbonen hatte recht, als er bei seiner Flucht von Neapel nach Gaeta seinen ehemaligen Untertanen sagte, er verliere den Thron, ihnen aber würden die Piemontesen nur die Augen zum Weinen lassen« (1898). »Wenn der Süden durch die Einigung ruiniert wurde, so ist Neapel geradezu ermordet worden: es hat seinen Rang als Hauptstadt verloren, es ist in eine Krise geraten, die Tausenden und aber Tausenden das Brot genommen hat« (1900). Tommaso Fiore: »Man muß es offen sagen, die Zwangsherrschaft der Bourbonen war aufgrund ihrer Machtlosigkeit weniger verhängnisvoll als die der Einheitsregierung« (1925). Guido Dorso, der schärfste, den man (zu Unrecht) den Machiavell von Avellino genannt hat, schreibt: »Nach der piemontesischen Eroberung wurde unser Land zu einer Kolonie der Ausbeutung für die Kapitalbildung des Nordens, der nicht nur nichts tat, um dem Süden seine jahrhundertealte Krise überwinden zu helfen, sondern daran interessiert war, jeden wirtschaftlichen und sozialen Fortschritt zu verhindern, da er die dringende Notwendigkeit erkannte, sich einen Absatzmarkt zu erhalten« (1925).

Dorso schloß, der Staat, der sich aus der ›königlichen Eroberung‹ entwickelt habe, könne nicht umhin, ein Werkzeug gewisser Privilegien zu sein, oder genauer gesagt, einer von Banken und Privatindustrien ausgeübten antisüdlichen Diktatur, während Salvemini am Ende seines Lebens beteuert, so als bereue er, die Einheit und den Staat geschmäht zu haben: »Solange Süditalien nicht selbst eine Führungsklasse hervorbringt, die der Führungsklasse des Nordens die Stirn zu bieten vermag, werden sich die Dinge nicht ändern. Die Süditaliener sollten die Schuld nicht beim ›Staat‹, der Regierung suchen, sie sollten sie bei sich selbst suchen« (1951).

Was glauben? Zu welcher Partei sich schlagen inmitten so offensichtlicher Widersprüche? Doch die Angelegenheit wird noch dunkler, geht man vom Studium der Gründe zu dem der Heilmittel über. Alle Welt spricht seit einem halben Jahrhundert von der Wiedergeburt des Südens, aber jeder betrachtet oder wünscht sie sich von einem anderen Gesichtspunkt aus. Die einen glauben an den Staat, die anderen glauben nicht an ihn. Franchetti: »Wenn der italienische Staat die Wunden Siziliens heilen will, so muß er sich, um es zu regieren, der Elemente bedienen, die ihm die Nation bietet, und die Sizilianer ausschließen.« – »Um Sizilien zu retten, muß der Staat es ohne die Mitarbeit der Sizilianer regieren« (1876). Fortunato: »Frieden und Regeneration kann der Süden nicht ausschließlich von sich selbst erwarten ... Je mehr der Staat an Macht, an Zusammenhalt, an Verantwortung verliert, um so schlimmer wird es« (1896).

Dagegen Fiore: »Jedes System der Selbstkontrolle im Gemeindeleben, auch wenn es durch Unerfahrenheit, durch Klassenblindheit oder Korruption noch so schlecht funktioniert, wird den Gemeinden und dem gesamten ländlichen Leben weit kleinere Schäden zufügen als Interventionen von oben ... Die leidvolle Erfahrung der Vergangenheit hat uns nichts gelehrt, wenn wir immer noch auf die staatliche Fürsorge hoffen« (1925). Dorso: »Die italienische Revolution wird eine Revolution des Südens sein, oder sie wird gar nicht stattfinden« (1925).

Diejenigen, die an den Staat, an die ›Cassa del Mezzogiorno‹, an die Agrarreform glauben, fragen sich unaufhörlich, wem sie die Ländereien zuteilen sollen und nach welchem Eigentumsanspruch. Unter denen, die nicht an den Staat glauben, herrschen unüberwindliche Meinungsverschiedenheiten. Salvemini war der Ansicht, daß die Probleme des Südens sich nur mit dem Heranwachsen einer geschulten, aktiven, verantwortungsbewußten Mittelklasse lösen ließen. Gramsci predigte eine Verbindung des Industrieproletariats im Norden mit dem Landproletariat im Süden, ein Gedanke, den die Kommunisten zu ihrer Doktrin machten. Was Carlo Levi betrifft, so setzt er ein uneingeschränktes Vertrauen in die bäuerliche Welt und glaubt an ihr Erwachen zum Bewußtsein und zur Geschichte. Die Rettung des Südens sieht er in der Verwirklichung der bäuerlichen Autonomie.

In diesem Labyrinth von Meinungen ist es trotz allem möglich, eine gewisse Evolution der meridionalistischen Denkweise zu verfolgen. Bis zum letzten Krieg war der Süden für alle Autoren Anlaß zu tiefem Pessimismus, und die Analyse meridionalistischer Probleme endete unweigerlich in Jammern, in Klagen über die Starrheit der Gesellschaft, über das Fehlen von Führungskräften, über die Mutlosigkeit des Volkes und die Unabwendbarkeit des Schicksals. Man erzählt, daß Salvemini, als er nach Kriegsende von Amerika zurückkehrte, vor Verzweiflung gestorben sei. Heute würde niemand mehr zu schreiben wagen, daß der Süden sich nicht verändere, daß die Befreiung des Südens nicht im Gange sei. Und doch liegt dieser Meinung ein sehr großes Mißverständnis zugrunde. Denn wenn der Süden tatsächlich in einer Wandlung begriffen ist, wenn die Städte sich überall entwickeln und das Elend zurückgeht, geschieht dies wirklich aufgrund der südlichen Initiative, weil die Bauern nach dem Traum Carlo Levis gelernt haben, sich selbst von ihrer uralten Knechtschaft zu befreien? Wird diese Veränderung nicht eher hervorgerufen durch ein neues, unvorhergesehenes Ereignis, das die Voraussetzungen der ›Südfrage‹ über den Haufen geworfen hat? Ein Ereignis, das ›von oben‹ gekommen ist, entgegen den Wünschen von Salvemini und Dorso und Fiore? Eine Revolution, aber vom Norden heruntergekommen, anstatt aus dem südlichen Willen hervorzubrechen: die Industrierevolution?

Der zeitlich letzte der Meridionalisten, Francesco Compagna, lehnt den Pessimismus Giustino Fortunatos entschieden ab, aber aus Gründen, die nichts mit dem Optimismus Carlo Levis zu tun haben. Die durch Unfruchtbarkeit, Klima und Kommunikationsschwierigkeiten begründete Mutlosigkeit war nur gerechtfertigt, sagt Compagna, solange die Landwirtschaft die südliche Wirtschaft beherrschte. Der besondere Charakter gewisser Industrien und eine vernünftigere Nutzung der einst einsamen Küsten berechtigen heute zu den größten Hoffnungen. Die wachsende Bedeutung der Elektrizität und der Kohlenwasserstoffvorkommen in Sizilien, Lukanien und in den Abruzzen hat die Fabriken von der Notwendigkeit befreit, sich in der Nachbarschaft von Bergwerken oder in der Nähe von Flüssen oder Eisenbahnlinien niederzulassen. Ist es nicht bezeichnend, daß die ersten beiden italienischen Atomzentren südlich von

Rom eingerichtet worden sind, eines in Latina, das andere an der Mündung des Garigliano, sechzig Kilometer von Neapel entfernt? Und haben sich staatliche wie auch private chemische und petrochemische Industrien nicht erfolgreich im Süden festgesetzt – E. N. I. in Gela in Sizilien, Edison bei Syracus (die größte italienische Petroleumraffinerie), Montecatini und Shell in Brindisi? Und besser noch: hat nicht sogar die Schwerindustrie von der geographischen Befreiung des Südens profitiert? Von den vier großen italienischen Stahlwerken liegen zwei im Norden (in Cornigliano bei Genua und in Piombino gegenüber der Insel Elba) und zwei im Süden (in Bagnoli bei Neapel und in Tarent in Apulien); sie produzieren etwa neun Millionen Tonnen Stahl (an achter Stelle der Weltproduktion nach Frankreich) und wollen es 1965 auf zwölf Millionen Tonnen bringen.

Da Compagna davon überzeugt ist, daß nur die Industrie den Süden wieder zum Leben erwecken kann, fordert er Investitionen der Regierung, ein Einfließen des nördlichen Kapitals und neue Maßnahmen analog zu der, die seit 1950 alle staatlichen Industrien zwingt, 40% ihrer allgemeinen Investionen und 60% ihrer neuen in den Süden zu legen. Kurz, er bittet den Staat, den Dorso beschuldigte, das Instrument einer antisüdlichen Kaste zu sein, den Staat, den nicht nur die über den Süden Schreibenden, sondern die meisten der Südländer selbst weiterhin als ihren größten Feind ansehen. Die Industrialisierung, so sagen sie, wird wieder einmal nur dem Norden zugute kommen, den Unternehmen und dem Geld des Nordens. In dem Maße also, in dem sich der Süden im Kontakt mit einer industrialisierten Zivilisation verändert, taucht die ›Südfrage‹ wieder auf und schürt neuen Streit.

Gewiß kommt es mir nicht zu, eine Meinung zu äußern. Ich habe nur mit größtem Interesse die Literatur über die Südfrage gelesen, die ein bemerkenswertes Zeugnis der südlichen Intelligenz, Ernsthaftigkeit und Streitbarkeit darstellt. Bemerkenswert in mehrfacher Hinsicht: ich war ebenso verwundert über die Genauigkeit, Strenge und Leidenschaftlichkeit der Beweisführung gegen den Staat und die brennende Forderung nach Anarchismus wie über die unverständlichen Lücken, monumentalen Auslassungen und unerklärlichen Weigerungen. Wie kann es dem Süden je gelingen, sich ein neues Selbstbewußtsein zu erobern und sich in das moderne Leben einzufügen, wenn er die Frauen in dem alten Zustand der Unterwerfung und Unterlegenheit läßt? Es gibt keine freie Gesellschaft, die nicht von Frauen in Zusammenarbeit mit Männern gemacht ist. Und doch, die Meridionalisten, die erbittert den Staat anklagen, die Bauern auszunutzen, übergehen die Ausnutzung der Frauen durch die Männer mit völligem Schweigen (ich habe eine einzige, ach so diskrete Anspielung bei Tommaso Fiore gefunden), so als ob die Frau ein von Natur aus untergeordnetes Wesen sei, das einzig seinem Herrn gut zu dienen habe.

In dem sechshundertsechzig Seiten starken Buch von Salvemini über die ›Südfrage‹ muß man sich bis auf Seite sechshundertfünfzig durchlesen, um auf folgenden schüchternen, zögernden Ratschlag zu stoßen: »Es genügte, wenn die Frauen weniger Kinder hätten.« Tommaso Fiore beschreibt die grausigen alten Viertel von

Tarent und das entsetzliche Schauspiel sechs rachitischer, skrofulöser und trachomatischer Kinder, die in dem einzigen Raum einer elenden Hütte zusammengepfercht sind; aber sich darüber zu wundern, daß die Eltern unter diesen Bedingungen sechs Kinder in die Welt gesetzt haben, kommt ihm nicht in den Sinn. In Italien ist das Kind heilig! Niemals wird man dem Ideal einer neuen, sauberen, geordneten und rationellen Gesellschaft den Kult des Lebens opfern, die Liebe zu gestaltlosem Gewimmel! Eine sozialistische Abgeordnete, gebürtige Florentinerin, die entschlossen war, den juristischen Status der unehelichen Kinder zu verbessern, veröffentlichte 1950 ein Büchlein, in dem sie zeigte, zu welchen absurden Fällen eine Gesetzgebung führt, die unverheirateten Vätern erlaubt, ihre Kinder nicht anzuerkennen. Sie zitierte den Fall einer Kalabresin aus Catanzaro, die zehn Kinder von demselben Mann bekommen hatte, ohne daß dieser sie anerkennen wollte. Und die Autorin verhüllt das Gesicht und protestiert laut! Aber sosehr sie auch den Vater schmähte, sie hielt es für natürlich, daß die Mutter freiwillig zehn Kinder von einem Mann bekommen hatte, der ihnen weder seinen Namen geben wollte noch einen Pfennig, um sie großzuziehen.

Die größte Lücke, die ich bei den Meridionalisten bemerke, betrifft die Erziehung. Sie erklären einstimmig, daß es dem Süden an einer gebildeten und mutigen Führungsschicht fehle; sie geißeln die freien Berufe; sie verspotten die vielen Rechtsanwälte, Lehrer und ›Dottori‹, die ihren Tag im Klub verbringen, ohne eine andere Freiheit zu fordern als die, Karten zu spielen. Um das Scheitern des intellektuellen Bürgertums zu erklären, führen sie das Klima ins Feld, die Spanier, die Bourbonen, den Einheitsstaat, aber nie den wichtigsten Grund, das Übel aller italienischen Übel, jene schreckliche Erziehung, die die Knaben von Kindheit an verdirbt.

Kommen wir nicht noch einmal auf die Mädchen zurück, die in dem Gedanken erzogen werden, daß es nichts Wichtigeres gäbe als die Jungfräulichkeit; kein Wunder, daß sie sich nicht bemühen, ihren Geist zu entwickeln und ihren Charakter zu stärken. Sie wissen, daß ihr wertvollstes Gut ihnen nicht wirklich gehört, daß ihr Ehemann es ihnen ein für allemal nehmen wird und sie dann nichts mehr wert sind. Ihr Leben wird in wenigen Minuten für immer verspielt sein, und oft sogar, bevor sie noch die Kindheit verlassen haben. Die Hälfte der Bevölkerung ist also verhindert, auch nur den geringsten Einfluß auf die intellektuelle und moralische Entwicklung des Südens auszuüben.

Für die Jungen stehen die Dinge nicht besser. Von der Wiege an wie Götter behandelt, von einem Schwarm Frauen umgeben, die sich bemühen, ihre Launen zu befriedigen, nie allein in einem Zimmer, nie auf Widerspruch stoßend, nie einem Stundenplan unterworfen, nie nach irgendeinem System bestraft oder belohnt, sondern ganz ihren Launen überlassen, mit zwölf Jahren zu ihren ersten Liebschaften mit den kleinen Mädchen der Nachbarschaft ermutigt, soweit wie möglich von schulischem Zwang befreit, der in anderen Ländern für unerläßlich, hier aber für demütigend und schädlich gehalten wird, werden sie Männer und sind doch ahnungslos wie Neugeborene. Die Begegnung mit der Realität im Alter von zwanzig, fünfundzwanzig Jahren, auf die die

Eltern aller anderen Länder ihre Kinder vorbereiten oder vorzubereiten glauben, wird für sie zu einer schrecklichen Katastrophe. Zu einem entscheidenden Trauma, von dem sich die meisten von ihnen nie wieder erholen. Wenn sie sich plötzlich einer Welt gegenübergestellt sehen, die sich nicht mehr, wie sie gemeint hatten, nur um ihre Person dreht, wenn Notwendigkeit und Verantwortung an sie herantreten, die sie wie eine Beleidigung auf sich nehmen, dann verlieren sie mit ihren Illusionen auch die Lebensfreude und die Zuversicht. Überzeugt, daß sie zu nichts mehr gut sind und nichts mehr irgendeine Mühe lohne, geschlagen mit der unheilbaren Wunde der Enttäuschten, betrachten sie sich als erledigt und sind nun bereit, sich mit dem bitteren Vergnügen des Kartenspielens zu begnügen, sich über sich selbst lustig zu machen und alles auf der Welt ins Lächerliche zu ziehen. Und dieses Volk hält man für optimistisch!

Das Unglück

Obschon Carlo Levi so schön gesagt hat: »Wir haben von dieser unbeweglichen Welt gesprochen, damit sie in Bewegung gerät«, und obschon man diesen Satz im Gedächtnis behalten muß, um den Fallen zu entgehen, die Ästheten und Kontemplativen gestellt sind, so glaube ich doch nicht, daß der Süden auf bestimmte Menschen eine solche Faszination ausübte, wenn sie nicht wüßten, daß Melancholie, Skeptizismus, Selbstunzufriedenheit und ohnmächtige Ironie immer im Herzen der Südländer herrschen werden, welche materiellen Verbesserungen, Fabriken, Staudämme, Krankenhäuser und Schulen es auch hier und dort geben mag. Der obligate Optimismus desjenigen, der heute über Dinge und Menschen des Südens nachdenkt und schreibt, ist ein tröstliches Zeichen unserer Zeit. Aber dieser Optimismus hat nur die Techniker gewonnen, die Spezialisten für Bewässerung und Industrialisierung, die Beobachter und Freunde aus dem Norden, die gekommen sind, um sich über einige Fortschritte zu freuen. Die Bevölkerung selbst ist mißtrauisch geblieben und hat es vielleicht auch weniger eilig, dieses Mißtrauen aufzugeben. Wollte man ein Symbol für die ›Südfrage‹ finden, so würde ich Leben und Werk der Isabella Morra vorschlagen. Es veranschaulicht nicht nur das Unglück, das für den Süden immer auf dem Sprung liegt, sondern auch den Gefallen am Unglück.

Isabella Morra wurde 1521, zwei Jahre vor Louise Labé, auf dem Schloß von Favale als Kind einer adligen, mächtigen Familie geboren. Um zu dem Ort zu gelangen, den die Tragödie mit Blut befleckte, hatten wir die tyrrhenische Küste bei Sapri verlassen, das am hintersten Ende des Golfes von Policastro zwischen dem Kap Palinuro und der Uferstraße von Maratea liegt; und den Ufern und dem Rauschen und der ewigen griechischen Illusion den Rücken kehrend, waren wir auf der Straße, die den Norden Kalabriens horizontal durchschneidet, zu den Quellen des Sinni gekommen und den Fluß entlanggefahren bis zu seinem Eintritt in die Basilicata. Donnernd fließt er am Fuß der alten, niedergerissenen Festung vorüber. Favale heißt heute Valsinni. Schwarze Eichen bedecken die steilen Hänge, das Tal ist eng, der

Horizont tief und undurchdringlich, der Sturzbach wild, die Einsamkeit unendlich. Man muß auf den Monte Coppolo steigen, auf neunhundert Meter Höhe, um in der Ferne das Blitzen des Ionischen Meeres zu sehen.

Der Vater Isabellas, Giovanni Michele Morra, Baron von Favale, war aufgeschlossen für neue Ideen, Frankophile und Dichter, und nannte seine acht Kinder Marc-Anton, Scipio, Isabella, Decius, Caesar, Fabius, Camillus und Porzia. Benedetto Croce, den die junge Dichterin zu einem seiner besten wissenschaftlichen Werke inspirierte, bemerkt, daß unter all diesen dem römischen Kalender entnommenen Vornamen Isabella der einzige ist, der sich durch einen romantischen Wohlklang prophetisch unterscheidet.

Mit ihrem Vater und ihrem Bruder Scipio begann Isabella schon als Mädchen mit literarischen Studien. Aber es war die Zeit der Rivalität zwischen Karl V. und Franz I. in Italien, und der Baron, der die Franzosen unterstützt hatte, mußte nach Paris in die Verbannung gehen, als die Spanier die Oberhand gewannen. Er nahm Scipio mit sich. Isabella, die mit ihrer Mutter und ihren anderen ungebildeten Brüdern in dem einsamen Schloß zurückblieb, verzehrte sich in der vergeblichen Erwartung einer Botschaft ihres Vaters, die sie nach Frankreich rufen und an dem prächtigen Königshof einführen würde.

> D'un alto monte onde si scorge il mare
> miro sovente io, tua figlia Isabella
> s'alcun legno spalmato in quello appare,
> che di te, padre, a me doni novella.

Wenigstens, seufzt sie, sei

Degno il sepolcro, se fu vil la cuna.

(Sie will sagen, daß sie lieber tot und in Paris begraben wäre, in der Nähe der Herren und italienischen Dichter, die wie Insekten um Franz I. summen, als weiter in der Gesellschaft ihrer groben Brüder zu leben, aufgeopfert der unmenschlichen Einsamkeit Favales.)

Me che 'n si vili ed orride contrate
spendo il mio tempo senza loda alcuna.

Ecco ch'un'altra volta; o valle inferna,
o fiume alpestre, o ruinati sassi,
o spirti ignudi di virtute e cassi,
udrete il pianto e la mia doglia eterna.

Quella ch'è detta la fiorita etade,
secca ed oscura, solitaria ed erma
tutta ho passato qui cieca ed inferma,
senza saper mai pregio di beltade.[5]

Eine Hoffnung blieb ihr jedoch. In dem nahe gelegenen Schloß von Bolita (heute Nova Siri) lebte ein spanischer Edelmann, Don Diego Sandoval de Castro, Gouverneur von Cosenza, der ebenfalls Dichter war. Es ist anzunehmen, daß zwischen Isabella und Don Diego nur Verse ausgetauscht wurden. Wahrscheinlich sahen sich die jungen Leute nie, selbst wenn ein zärtliches Gefühl ihren literarischen Austausch belebte. Jedenfalls unterscheidet sich Isabella von allen anderen Dichterinnen – und vor allem von der, mit der man sie spontan vergleicht, Louise Labé – durch das merkwürdige Fehlen von Liebesgedichten. Die junge Gefangene scheint einzig unter ihrer Isolierung und Verbannung gelitten zu haben. Doch eines Tages, als Don Diego ihr durch den Hauslehrer der Morras eine Epistel (oder wieder Gedichte, der Punkt bleibt im dunklen) geschickt hatte, fingen die Brüder Isabellas den Brief ab, töteten den Boten, erdolchten die Schwester und lauerten zudem noch dem spanischen Edelmann auf, den sie ebenfalls umbrachten.

In dem Drama dieser mit fünfundzwanzig Jahren ermordeten Dichterin sehe ich das Drama des ganzen Südens. Nichts fehlt: nicht die Qual, in einem kargen, sterilen Land zu leben; nicht die Sehnsucht nach einer weniger rustikalen Gesellschaft, in der man glänzen kann; nicht die außergewöhnliche Begabung; nicht das blutige Lösegeld der Originalität; nicht die Zufluchtnahme bei einem vom Zufall herbeigeführten Fremden; nicht das Wunder der Auswanderung (samt seiner Kehrseite, da Scipio, der nach dem Tod Franz' I. Sekretär Katharinas von Medici geworden war, von der Hand rivalisierender Höflinge vergiftet wurde); nicht die männliche Grausamkeit, die über die Tugend der Schwester wacht; nicht das ›Verbrechen aus Ehre‹, das heißt, blutschänderische Eifersucht getarnt als Verteidigung der Familie; nicht die heimliche Wollust grenzenloser Erniedrigung.

Isabella (drei Lieder, zehn Sonette) erinnert mich an Louise Labé (drei Elegien, vierundzwanzig Sonette), obwohl die Lyoneserin nur von Liebe gesungen hat und Isabella nur von Einsamkeit. Wenn aber wirklich die größte

Offenbarung der Liebe die Entdeckung ist, daß wir in Mangel und Verbannung leben, dann wird dieser Vergleich nicht willkürlich erscheinen. Isabella Morra benutzt, um von der Gefangenschaft zu sprechen, dieselben Worte und dieselbe Ausdrucksweise wie Louise Labé, um die Trennung zu beschreiben. Die Verse Isabellas sind zweifellos weniger gekonnt, aber für ein junges Mädchen, das nur durch die Erinnerung an seinen Vater (der es mit neun Jahren sozusagen als Waise hinterließ) mit der Renaissance in Berührung gekommen ist und ohne Rat und Unterstützung war (die Verse des Spaniers folgen den petrarkistischen Konventionen der Zeit), von wilden Abgründen und blutdürstigen Grobianen umgeben, sind sie erstaunlich und können den Vergleich mit der gebildetsten Dichterin der gebildetsten Gesellschaft Europas durchaus aushalten.

Lyon, 1555:

> Je vis, je meurs; je me brûle et me noie;
> J'ai chaud extrême en endurant froidure …
> … Mon bien s'en va, et à jamais il dure;
> Tout en un coup je sèche et je verdoie.

Kalabrien, 1526:

> Ma, pensando a quel dí, ardo ed agghiaccio,
> ché 'l timore e 'l desio son le mie scorte;
> a questo or chiudo, or apro a quel le porte,
> e, in forse, di dolor mi struggo e sfaccio.

Und um

> che, nel più bel sperar, poi mi dispero,

zu übersetzen, finde ich nichts Besseres als aus dem achten Sonett der ›Belle Cordière‹ die Terzine über die Illusionen, die Liebe so freigebig hervorbringt:

Puis, quand je crois ma joie être certaine
Et être au haut de mon désiré heur,
Il me remet en mon premier malheur.[6]

Fortsetzung und Ende der Südfrage

Rückkehr zum Tyrrhenischen Meer. Praia a Mare, Cirella, Diamante. Von so vielen wunderbaren Orten, aufgereiht zu Füßen der Berge an der westlichen Küste Kalabriens, von so vielen anderen, weiter im Süden, die wir nicht kennenlernen werden, rissen wir uns los, um im Innern des Landes das zwar nicht einzige, aber wichtigste ›Zentrum der Volksbildung‹ aufzusuchen. Die Straße, die uns nach Roggiano Gravina führt, in eine der rückständigsten Gemeinden Kalabriens, folgt dem Lauf wüstenähnlicher Täler. Die Zentren für Volksbildung wurden nach dem Krieg von der Nationalen Union zur Bekämpfung des Analphabetismus gegründet. Es gibt sechsunddreißig in Kalabrien, fünfzehn in Sardinien, zehn in Lukanien, sieben in Kampanien, vier in Sizilien, eines in Latium, eines in den Abruzzen und sogar eines in Venetien. Die Volkszählung von 1951 ergab fünfeinhalb Millionen Analphabeten. Man zählt heute etwa zwei Millionen. Der Prozentsatz der Analphabeten im Süden schwankt zwischen einem Viertel und einem Drittel der Bevölkerung. Doch auch diese Statistiken sind anfechtbar. Viele, die weder lesen noch schreiben, aber wenigstens mit ihrem Namen unterzeichnen können, sind nicht mehr unter Analphabeten geführt. Viele andere, die in der Schule einige Anfangsgründe gelernt hatten, haben diese mittlerweile vergessen.

Das Bildungszentrum von Roggiano Gravina ist ein richtiges kleines Dorf am Eingang des Ortes. Ein junger Leiter empfängt uns in dem Hauptgebäude, das wie die anderen eingeschossig ist und dessen große Fenster auf die Bäume hinaussehen. Unser Gastgeber, ein schmaler, besonnener, wortkarger Mann von ausgesuchter Höflichkeit, erklärt sich bereit, uns alle gewünschten Auskünfte zu geben. Als erstes schauen wir uns den kleinen Versuchsgarten an, den Palmen beschatten und Beete mit roten Blumen schmücken. Er läßt uns einige Schritte dort tun, während er sich vielleicht fragt, ob wir die Errungenschaften von ein wenig Kühle und Farbe in dieser Dürre von Trostlosigkeit auch richtig zu würdigen wissen. Aus dem Gemeinschaftsraum dringen die Töne eines Blues herüber: junge Leute beiderlei Geschlechts, die sich in der Erwachsenenbildung vervollkommnen wollen, verbringen einen Teil des Sommers hier, und im Augenblick tanzen einige Paare in der Mittagspause. Auch das ist anzuerkennen (man tanzt nicht viel in Italien, besonders nicht im Süden), und auch das ist ein Sieg über den südlichen Puritanismus.

Das Bildungszentrum veranstaltet mehrere Arten von Kursen in den verschiedenen Gebäuden, die die Mitglieder selbst – sowohl Schüler wie Lehrer – auf dem von der Gemeinde zur Verfügung gestellten Gelände gebaut haben. Dieses hier ist die Abteilung für Analphabeten –

Kunststofftische, eine Tafel, weiß gekalkte Wände. Diese Abteilung, die ursprünglich der Anlaß zur Gründung des Zentrums und sein Mittelpunkt war, hat nur noch eine beschränkte Aktivität. In Roggiano Gravina kann man lesen und schreiben. Aber die Erinnerung ist noch lebendig an die heroische Zeit, als erwachsene Männer und Greise kamen, um das Alphabet auf diesen Bänken zu lernen. Frauen, die den ganzen Tag lang auf dem Feld gearbeitet und abends für die Bedürfnisse ihres Haushalts gesorgt hatten, gingen noch mehrere Kilometer zu Fuß zum Zentrum. Die Kurse gefielen ihnen so gut, daß sie es manchmal ablehnten, sich zu den Prüfungen zu melden. »Aus Schüchternheit? Aus Angst durchzufallen?« – »Nein, aus Angst zu bestehen.« Sie fürchteten, sich wieder selbst überlassen zu sein und vielleicht wieder von Einsamkeit und Unwissenheit gepackt zu werden.

Wir gehen in ein anderes Gebäude. Dort lehrt man Bauern jeden Alters, durch welche rationellen Verfahren man Viehzucht und Landwirtschaft verbessern kann. Das Zentrum verfügt über dreiunddreißig Hektar Land mit einem Modellstall, einer Molkerei etc. Wir besichtigen einen Saal, an dessen Wänden Plastikmodelle schädlicher Insekten hängen; in der Mitte steht, ebenfalls aus Plastik, eine Kuh mit demontierbaren Organen. Ein Modellhühnerhof vervollständigt die Abteilung. In dem weitläufigen, gemauerten Hühnerstall, der sauber und gut gehalten ist, sitzt ein Junge mit einer Eule, der sich bei unserem Kommen erhebt und uns durch sein Reich führt. Es gibt dort weiße, sogenannte livornesische Hühner (Livorno ist in der englischen Aussprache ›Leghorn‹ geworden), die nur zum Eierlegen gut sind, und rote Hühner, Hampshire, wie ich zu verstehen glaube, nachdem ich mir den Namen mehrmals habe wiederholen lassen, die man sowohl wegen ihrer Eier wie ihres Fleisches aufzieht. Der Lehrling schiebt uns in einen überheizten Raum und zeigt uns stolz die siebentausend Eier, die in der künstlichen Brutmaschine liegen. Nach elf Tagen schaut er nach, ob das Ei ein Küken enthält, nach achtzehn Tagen, ob das Küken noch lebendig ist. Das Ausbrüten dauert einundzwanzig Tage. Die Küken werden anschließend in einen anderen Raum gebracht und auf Gitter gesetzt. Er hebt vor unseren Augen zwei oder drei in die Höhe, die tot sind. Für den, der die mageren Hühner des Südens mit ihrem Magen voller Steine gegessen hat, scheint diese Einrichtung keineswegs überflüssig.

Wir durchlaufen nun die verschiedenen Abteilungen der Berufsschule, des originellsten und für die Zukunft wichtigsten Teils des Zentrums. Ich erblicke prächtige Schreibmaschinen in dem Raum für Dactylographie, tadellose elektrische Apparate in der Maschinenhalle, Modelle blitzender Motoren in den Mechanikwerkstätten. Maurerlehrlinge üben sich auf einer Wiese an Liliputhäusern. Aber die jungen Leute wenden sich immer mehr von dieser traditionellen Tätigkeit des Südens ab. Sie ziehen die Mechanik vor. Das Zentrum ist sehr erfolgreich. Es hat insgesamt zwölfhundert Schüler von fünfzehn bis zu fünfzig Jahren. Zahlreiche Bitten um Einschreibung liegen vor. Das macht die Legende von der südlichen Faulheit zweifelhaft. Faul war nur der Staat, der in hundert Jahren nicht Schulen für die notwendige Ausbildung schaffen konnte. Die Süditaliener taten nichts, weil sie noch nie die Möglichkeit gehabt hatten, etwas zu tun. Kaum hat man sie jedoch vor Werkbänke und Maschinen gestellt, so beweisen sie ihren Eifer und ihre Fähigkeiten.

Die Volksuniversität wäre nicht vollständig ohne Abendkurse. Sie liegen dem jungen Leiter besonders am Herzen. Die Bauern, die bereits über Hygiene informiert werden, wenn sie durch die hellen, luftigen, mit Waschbecken und Duschräumen versehenen Gebäude gehen (fließendes Wasser und sanitäre Bequemlichkeiten fehlen in zwei Dritteln der Häuser von Roggiano Gravina), kommen, um sich eine gewisse Allgemeinbildung zu verschaffen, sie wollen zum Staatsbürger erzogen werden oder auch nur diskutieren lernen. Wie lange wird es dauern, bis man Einsamkeit und Stummheit, diese beiden großen Feinde des Fortschritts, besiegt haben wird? Es fällt mir auf, daß die Bibliothek klein ist – tausend Bände, und nicht die besten.

Die Bewunderung und – warum sollte ich es nicht sagen? – die Ergriffenheit angesichts dieses erstaunlichen Unternehmens haben mich nicht so gefangengenommen, daß ich nicht zwei wichtige Probleme hervorheben möchte: das der Finanzierung und das des Absatzmarktes. Es gab auch noch ein drittes Problem, an das ich jedoch erst dachte, als ich mich wieder an die in jedem Raum hängenden Kruzifixe erinnerte. Mußte man zur Democrazia Cristiana gehören, um beim Zentrum zugelassen zu werden?

»Das Geld«, sagt unser Gastgeber mit dem Seufzen desjenigen, dem die Frage unangenehm vertraut ist,

»das Geld kommt von mehreren Seiten. Teilweise finanziert uns die *Cassa del Mezzogiorno*. Die Lehrer der Berufsschule werden vom Arbeitsministerium bezahlt, die der Landwirtschaftsschule vom Landwirtschaftsministerium. Für die Abendkurse haben wir freiwillige Lehrer. Sehen Sie diese drei Busse. Sie sammeln die Schüler aus dreizehn Gemeinden in der Nähe Roggianos. Aber die Cassa del Mezzogiorno will weder von den Fahrzeugen etwas wissen noch von dem Benzin, das man hineinfüllen muß. Amerika hat uns einen der Busse gegeben, wir sind dabei, den anderen abzuzahlen. Die Unesco hilft uns ebenfalls, die Schweiz ...«

Er zeigt uns die Akten, die für jeden Schüler eine einzelne Karteikarte enthalten, mit seiner Fotografie, seinem Lebenslauf, seinen Noten, seinen Examensergebnissen, seinem Werdegang, nachdem er das Zentrum verlassen hat. Diejenigen, die unterwegs aufgeben, besiegt von ererbter Mutlosigkeit, können auf diese Weise herausgefunden und wieder aufgefischt werden. Mit ihrem Berufsdiplom wandern die ehemaligen Schüler in den Norden aus, nach Turin, nach Mailand, in die Schweiz, nach Deutschland. Alle? Alle. Von achttausend, die in Roggiano geboren sind, haben zweitausend das Dorf verlassen, das ist fast die ganze aktive männliche Bevölkerung. Es bleiben nur Frauen, Greise und Kinder. Die Olivenhaine verkommen, weil es keine Arbeitskräfte gibt. Dieser massive Exodus, so sage ich mir, ist gleichzeitig der Sieg und die Niederlage des Zentrums und aller ähnlichen Institutionen. Sein Sieg, da die Männer des Landes, die einst durch mangelnde berufliche Ausbildung behindert und zu elendem Müßiggang verurteilt waren, nun mit der gleichen Qualifikation auf die nördlichen Absatzmärkte kommen wie die anderen europäischen Arbeiter auch. Aber auch seine Niederlage, da diese Männer gezwungen sind, den heimischen Herd, Frauen und Kinder zu verlassen, um sich Arbeit zu beschaffen, und das größte Problem, nämlich die lokale Beschäftigung des spezialisierten Arbeiters, noch nicht einmal berührt wird – und auch nicht berührt werden kann.

Sieg und Niederlage: die gleiche Widersprüchlichkeit zeigt sich in der Institution, die teilweise das Zentrum finanziert: in der berühmten *Cassa del Mezzogiorno*. Geschaffen, um den wirtschaftlichen Unterbau des Südens zu fördern, beteiligt bei allen großen Baustellen, Staumauern, Straßen, Fabriken, hat sie nicht aufgehört, Gegenstand der heftigsten Vorwürfe zu sein. Die Kommunisten sehen in ihr ein Werkzeug des Kapitalismus und klagen sie an, die soziale Rangordnung unberührt zu lassen und eine Großprojekt-Politik zu betreiben, die nur den Monopolen Nutzen bringt. So ungerecht diese Angriffe auch sein mögen, ich kann doch nicht umhin zu denken, daß das Geld für die Volksbildungszentren dazu dient, die für die nördlichen Industrien notwendigen Arbeiter auszubilden, und daß letzten Endes diese einen größeren Vorteil davon haben als jene.

Sind die Auswanderer wenigstens glücklich? Ich habe nicht mehr die Zeit, diese Frage bei unserem Gastgeber anzuschneiden, der uns unsere Namen in ein Goldenes Buch voller Unterschriften und lobender Bemerkungen aus der ganzen Welt schreiben läßt. Er übergibt uns zwei hübsche kupferne Aschenbecher, die seine Schüler verfertigt haben, und einige Nummern der Zeitschrift, die von der Nationalen Union gegen den Analphabetismus veröffentlicht wird. Die Bedingungen der Auswanderer sind nicht glänzend, wenn ich den Untersuchungen Giovanni Russos Glauben schenke. Sie haben gute Löhne, aber sparen die Hälfte des Geldes, um es an ihre Familien zu schicken oder sich einen Notgroschen anzulegen. Wer hunderttausend Lire in Mailand verdient, gibt nur fünfzigtausend aus, doch er kommt nur damit zurecht, wenn er Entbehrungen auf sich nimmt. Wer hundertsiebzig Mark pro Woche in Köln verdient, legt hundert beiseite. Im Ausland finden sie die Isolierung wieder, der sie mit ihrer Abreise entflohen waren, und ihr einziges Sonntagsvergnügen besteht darin, kilometerweit bis zum nächsten Bahnhof zu laufen, wo sie sich umsonst auf die Bänke setzen und mit ihren Landsleuten plaudern können, wie sie es auf dem Platz ihres Dorfes getan hätten. Sie bleiben zwei oder drei Jahre in der Fremde, so lange, bis sie die nötige Summe für den Kauf eines Hauses oder eines Feldes in ihrem Heimatort beisammen haben. Die Invasion italienischer Arbeiter nach Deutschland und vor allem in die Schweiz (550 000 auf eine eingeborene Bevölkerung von fünf Millionen) hat die Behörden zu entwürdigenden Maßnahmen gezwungen: mit Stacheldraht umgebene Baracken; Verbot, mit seiner Frau in der Schweiz zu leben – jeder Ehegatte muß in einem anderen Kanton arbeiten; Verbot für eine Mutter, ihr Neugeborenes bei sich zu behalten, das sie entweder in die Heimat zurückschicken oder heimlich aufziehen muß. Fünftausend heimliche Kinder in Helvetien. Welch ein Schicksal für die Italiener! Sie lieben ihre

Kinder über alles, und immer müssen sie, aus dem einen oder dem anderen Grund, sie verstecken oder den Gesetzen entziehen, die ihre Legitimität bestreiten.

In der Zeitschrift der Nationalen Union gegen den Analphabetismus findet sich keine Spur jener Euphorie, jenes guten Pfadfindergewissens, die ich dort zu finden gefürchtet hatte. Die Autoren verweisen mit Nachdruck auf die Schwierigkeiten und Widersprüchlichkeiten der zu bewältigenden Aufgabe, auf die dunklen Seiten der Alphabetisierung. Mehrere Zentren mußten nach einem völligen Fiasko schließen. Ich bringe folgenden merkwürdigen Absatz aus einer Analyse über das Verhalten erwachsener Schüler. »Eine negative Erfahrung (fehlgeschlagene Initiative zum Beispiel) wird als endgültig angesehen und schließt jeden neuen Versuch in demselben Bereich aus. Die Basis für diese Haltung ist eine zu optimistische Lebensauffassung, die sich nach den unvermeidlichen Enttäuschungen in den schwärzesten Pessimismus verwandelt.« Und ferner über die Schwierigkeiten der Erziehung (die also die gleiche bei Bauern und Bürgertum wäre): »Geliebt, respektiert, umsorgt zu werden ist für sie etwas Selbstverständliches. Sie glauben, daß ihnen dies zusteht, und empfinden den leisesten Tadel als ein unverzeihliches Unrecht, an dem die menschliche Bosheit schuld ist.«

Ein besiegter General, ein siegreicher Badender, aber der heilige Joseph?

Der beste Weg für den, der eine gewisse Kenntnis des Italienischen hat, mit den kleinen, zuerst wenig anziehend wirkenden Städten im Innern Kalabriens oder Lukaniens Bekanntschaft zu schließen, ist der, die oft einzige Buchhandlung aufzusuchen, die in jeder von ihnen vorhanden ist. Eine Buchhandlung, die nicht nur Bücher verkauft, sondern auch welche herausgibt, alte, ebenso seltene wie wertvolle Texte oder köstliche Sammlungen über das lokale Leben, die lokalen Ereignisse und die großen Männer. Es handelt sich nicht um leichte Monographien zum Gebrauch von Touristen, sondern um gelehrte Abhandlungen voller Hingabe und Genauigkeit, die um so rührender sind, als sie außerhalb der Stadt, die sie inspiriert, und der Buchhandlung, die sie in oft archaischer Form gedruckt hat, keine Chance haben, die Aufmerksamkeit zu wecken.

Bei Montemurro in Matera (Lukanien) fand ich die Gedichte der Isabella Morra in der einzigen Ausgabe, die nicht seit geraumer Zeit vergriffen ist; bei Lacaita in Manduria (Apulien) die Autobiographie des Briganten Carmine Crocco; bei Marchesiello in Potenza (Lukanien) die immer angenehm zu lesenden Bändchen von Sergio De Pilato (und ich erinnere mich, daß der Buchhändler aus dem Stapel Bücher, den ich gerade gekauft hatte, ein Paket machen wollte; doch da ich gerne auf der Straße blättere, sagte ich ihm, daß es nicht nötig sei; seine Miene verfinsterte sich: ich hatte ihn beleidigt. Nicht eingepackte Bücher sehen nicht aus wie richtige

Ware. Ich wäre aus seinem Laden, der zwischen modernisierten Kolonialwarengeschäften herrlich altmodisch wirkte, herausgegangen, als hätte ich nur Zeitungen gekauft, dieses vulgäre Produkt, das er, um leben zu können, zwangsläufig auch verkaufen mußte).

In Cosenza (Kalabrien), das wir von Roggiano Gravina aus erreichten, nachdem wir das grünende Tal des Crathis heraufgefahren waren, entdeckte ich bei dem Buchhändler und Verleger Brenner das fundamentale Werk François Lenormants über Großgriechenland, das in drei Bänden von 1881 bis 1884 bei A. Lévy, 13, rue Lafayette in Paris erschien und in Frankreich einfach nicht zu finden ist und das hier durch fotomechanische Wiedergabe nach der französischen Ausgabe neu gedruckt ist. François Lenormant, der den Süden der Italienischen Halbinsel von oben bis unten durchfuhr, von Tarent bis Reggio, von Reggio bis Pizzo, begnügte sich nicht damit, die bereits bekannten Tatsachen über Griechenland so vollständig wie möglich wiederzugeben. Er beschrieb nicht weniger ausführlich die zweite Hellenisierung Süditaliens unter der Herrschaft der Kaiser von Konstantinopel, die Zeit der Normannenkönige und die ganze folgende Geschichte bis zum 19. Jahrhundert samt der Napoleonischen Kriege und der Feldzüge des Risorgimento. Dieses Buch, das merkwürdigerweise in Frankreich in Vergessenheit geraten ist, war der Begleiter der früheren Reisenden und Archäologen – der italienischen Archäologen und der englischen Reisenden. George Gissing und Norman Douglas haben es ausgiebig benutzt. Aber auch ›By the Ionian Sea‹ von Gissing (1897) und ›Old Calabria‹ von Norman Douglas (1915) sind unbekannt bei uns geblieben. Dabei findet sich in wenigen Büchern über Italien neben den Eindrücken von Museen, Ruinen, Schlössern und Kirchen eine so genaue Kenntnis des Landes selbst und eine so intelligente Neugier für die Leute, die dort wohnen. Wenige Autoren lassen einen, nach den Worten Larbauds (der sie neben Stendhal und Butler hätte zitieren sollen), so intensiv an dem italienischen Leben teilnehmen, an dem Leben, das sie selbst in Italien führten.

Es wäre vergeblich, Cosenza beschreiben zu wollen. Wenn ich gesagt hätte, daß der Ort sich in eine alte, steile, von engen Straßen und asymmetrischen Plätzen durchzogene und in eine moderne, weitläufige und rechteckige Stadt aufteilt, so hätte ich nichts gesagt. Wenn ich auch eine Beschreibung des Crathis hinzugefügt hätte und des in ihn mündenden Busento, der zwischen hohen Mauern einherfließt, die das Hochwasser auffangen sollen, so wäre dies ungenügend. Es ist mit Cosenza wie mit vielen anderen mittelgroßen Städten des Südens, mit Catanzaro, Potenza, Benevent, Caltanissetta: man ist empfänglich für ihren Zauber, oder man ist es nicht, und in beiden Fällen weiß man nicht, warum. Sie sind weder schön noch häßlich, weder fröhlich noch traurig, weder reich noch arm. Doch Cosenza hat mehr Charakter. Man braucht sich nicht daran zu erinnern, daß Coszenza die Hauptstadt der Bruzzi war, dieses Bergvolks, mit dem Rom nie fertig wurde. Man braucht nicht an das geheimnisvolle Grab König Alarichs zu denken, der von seinen Soldaten unter den Wassern des umgeleiteten Busento begraben wurde; der König der Westgoten hatte gerade Rom geplündert und schickte sich an, Sizilien zu erobern, als ihn die Malaria in Cosenza überfiel; sein Grab und die ungeheuren Schätze, die seine Soldaten mit seinem Körper begruben, sind niemals wiedergefunden worden. In Cosenza wurde Bernardino Telesio geboren, der erste Philosoph, der die Beobachtung der Natur empfahl; die Kirche griff ihn an; Galilei und Campanella fußen auf ihm; der Petit Larousse kennt ihn nicht. Immer noch benommen von dem Lärm und der Vertraulichkeit der Neapolitaner, genießen wir die Stille von Cosenza und die Diskretion seiner Bewohner. Welcher Unterschied zwischen dem ehemaligen Königreich Neapel und seiner Hauptstadt! Die Kalabresen lassen den Fremden in Ruhe, die Männer drehen sich nicht nach den Frauen um.

Ein Gebirgsvolk natürlich. Die Kette der Sila steigt hinter der Stadt auf. Berühmte Sila, ebenso enttäuschend wie berühmt! Ich erkläre mir die Begeisterung der früheren Reisenden nur durch den damals beunruhigenden Charakter dieser Berge. Wölfe, Räuber, keine Straßen, mangelnde Versorgung und Unterkunft – wer sich dorthin wagte, ging ein wirkliches Abenteuer ein und empfand die ganze, zu Kopf steigende Trunkenheit des Abenteuers. Norman Douglas mußte die Sila, um sie kennenzulernen, zu Fuß durchqueren. Er fühlte gewiß diese Trunkenheit, die physische Freude des Eroberns, die Euphorie, heil angekommen zu sein – starke Emotionen, die das Urteil günstig beeinflussen. Heute durchziehen bequeme Straßen die Sila, die nichts Wildes mehr an sich hat: ihre Höhe ist mittelmäßig, mittelmäßig die Pinien- und Buchenwälder, eher häßlich die wenigen Häuser aus Holz und Blech. Vielleicht liebte man dieses düstere Gebirge auch, weil die Küsten so ungesund waren. Auch dieser Grund ist entfallen. Die Süditaliener halten viel auf ihre Sila. Man muß sie verstehen. Für Leute, die ans Meer gewöhnt sind, ist die Sila der Mythos der Tausendmeter, der Wiesen, Kühe und Seen. Sie kommen herauf, um in Familienpensionen die gute Luft zu atmen. Die Öldrucke an den Wänden der Barbierläden zeigen zwangsläufig Schweizer Alpenlandschaften. Man könnte sich ebensogut und ebenso unbegründet darüber lustig machen, daß sich die Pariser sonntags aufmachen, um das Meer bei Le Touquet zu sehen.

Kalabrien ist nur an den Küsten schön. Mehr im Süden der Sila überragt ein anderes berühmtes Massiv die beiden Meere am Ende der Halbinsel: der Aspromonte. Auf diesem mittelhohen Plateau mit seinen Säugetieren und Sennhütten ist nichts ›Rauhes‹ zu finden, wie das Wort ›aspro‹ vermuten lassen könnte. Da der Name zu schön für die Sache ist, verleitet der Aspromonte natürlich zur Emphase. Garibaldi, der sich in den Kopf gesetzt hatte, Rom unter Umgehung der diplomatischen Beziehungen zu befreien, wurde 1862 auf diesem Gebirge von einem piemontesischen Obersten gefangen und (leicht) an einem Bein verletzt. Dieses recht groteske Ereignis geschah auf einer Lichtung, auf der nun ein Denkmal steht, mit vielen Inschriften und Kränzen. Ist es ein Zufall, daß der einzige Schriftsteller des Südens, der nicht nur ein Wortkünstler war – ich bedaure dies sagen zu müssen –, Corrado Alvaro nämlich, in San Luca auf dem Aspromonte geboren ist?

Doch die Küsten! Alles, was man davon schreiben könnte, reichte nicht an die Wahrheit heran. Wir hatten den Bergen Paola und Amantea geopfert. Wir kamen wieder an die tyrrhenische Seite der Berge bei Pizzo, einer Herde weißer Häuser in der Sonne. Doch an Pizzo, das fast zu malerisch für unseren Geschmack war, fuhren wir vorüber, angelockt von einer unbestimmten Süßigkeit und Fülle, die vor uns in der Mittagshitze rauschte. Olivenbäume, die schönsten Olivenbäume der Welt, hoch und breit wie Eichen, rote Erde unter den gespaltenen Stämmen. Rechts von der Straße, hinter den Oliven, verbargen uns zahllose Felder das Meer. Wir schlüpften unter die zarten Blätter des Eukalyptus; der Geruch des reifen Johannisbrotbaumes begleitete uns bis zu den Tomaten- und Zwiebelfeldern. Etwas weiter fort breiteten Orangenhaine ihren nicht greifbaren Schatten aus. Eine Kuh tauchte im Schilf auf. Dort war der Strand, eingeschlossen zwischen einem spanischen Turm und einigen ans Ufer gezogenen Booten.

Wir ruhten aus, völlig unbeweglich. Ein halbes Dutzend Buben hatten ihre Spiele im Stich gelassen und einen Halbkreis um uns gebildet. Sie störten die Stille nicht. Eine Bäuerin kam laufend vom Dorf herunter: von weitem, sagte sie uns, habe sie uns für tot gehalten. Man sieht hier nie Frauen am Strand, schon gar keine liegenden und überdies halbnackten. Wir setzten uns also auf, und die Unterhaltung kam in Gang.

Die Jungen schienen mir aufgeweckt. Sie mißbilligten, daß eine Familie ein Kind nach dem anderen hätte. Drei oder vier schienen ihnen eine gute Zahl.

»Eine Frau aus dem Dorf ist beim zwölften gestorben.«

Der, der sprach, der Älteste der Bande, war sehr braun

(man erriet, daß er sich extra in die Sonne legte, obschon die anderen sich darüber lustig machten), seine Haare kräuselten sich im Nacken, er hatte eine gebogene Nase, sehr tief liegende, ironische Augen, eine elegante Badehose (während die anderen nur einen Wollfetzen trugen). Ich fragte ihn, was er mache (er war sicher schon achtzehn Jahre alt). »Nichts.« Und seiner Schönheit, aber auch seiner Trägheit bewußt, die er um so mehr zur Schau stellte, als er sie selbst verurteilte, fügte er hinzu: »Wir Kalabresen sind schlecht!« Was verstand er unter schlecht? »Schlecht.« Welch ungeheure Befriedigung, welch ein Jubel in seiner Stimme. Nachdem er erklärt hatte, daß er sich schlecht finde, daß er zu nichts nütze sei und kein anderes Ziel im Leben habe, als dies immer wieder zu sagen, konnte er die Kinder, die ihren Glauben an das Leben und ihr Verantwortungsgefühl bekundet hatten, von oben herab betrachten und sich für einen großen Zyniker und tiefsinnigen Philosophen halten. Die Leidenschaft, sich selbst herabzusetzen, die dem jungen Italiener erlaubt, seine Zeit mit Nichtstun zu vergeuden und sich gleichzeitig für einen großen Geist zu halten, fand ich bei diesem gelockten Bauernjungen Kalabriens ebenso ausgeprägt und mit der gleichen stolzen Selbstsicherheit gepaart wie bei den Studenten, die ich in Neapel oder Pisa kennengelernt hatte. Wie die Helden russischer Romane, war er bereit, sich aller Fehler zu bezichtigen, denn er glaubte fest, wenn er sich nur für den verachtenswertesten aller Menschen halte, erspare er sich das, was er auf der Welt am meisten fürchtete, nämlich sein Leben so zu verändern, daß es ihm nicht mehr verächtlich erschiene. »Wir sind schlecht«, wiederholte er. Mutwilliger Stolz blitzte in seinen Augen, so als habe er den Weg gefunden, seine Tage müßig am Strand zu verbringen, während sich die anderen in komischer Anstrengung abrackerten.

Zwanzig Jahre: woanders ist man am Ende des Flegelalters, in Italien beginnt man damit.

Diese Szene hatte sich am Strand von Briatico abgespielt. Wir waren durch die Orangenhaine, durch die Zwiebel- und Tomatenfelder wieder hinaufgestiegen und nach Tropea gekommen, dessen auf Klippen gebaute Häuser aus Schaum und Tuff entstanden zu sein scheinen; Tropea, das einen weißen, über dem Meer hängenden Platz hat, aufgereihte Boote unten auf dem Sand, einen ausgeblichenen Fahrplan für die Schiffe nach den beiden Amerika, geschniegelte alte Männer vor dem Eingang des Klubs Pasquale Galuppi, Schwärme von Schwalben und Düfte von Magnolien. Tropea, eine der verführerischsten Städte Italiens, an der ich leider zu schnell vorbeifuhr.

Die Straße führt bis zum Kap Vaticano zwischen terrassenförmig auf den Abhängen wachsenden Oliven und flachen, von Steilküsten unterbrochenen Feldern entlang. Der Tag ging zu Ende. Auf einem erdigen Weg, der zum Strand hinabführte, sahen wir eine Prozession von Frauen; zwei Priester schritten ihnen voran. Der Abstieg dauerte lange; die Frauen waren nicht übermäßig dick. Von allen umliegenden Dörfern kamen sie herbei, um das Fest der heiligen Lucia vorzubereiten. Aus Zweigen und Steinen wollten sie einen Altar am Strand bauen, auf dem die Priester die Monstranz niederstellen würden. Die Monstranz, die in den schrägen Strahlen der Sonne funkelte. Die Frauen riefen die heilige Lucia an oder beteten zum heiligen Joseph. Lucia schützt die Augen, die armen, kranken Augen des Südens, aber der heilige Joseph ist der eigentliche, der wirkliche Schutzherr der Italiener. Der Tag des heiligen Joseph ist ein Feiertag. Jeder zehnte Mann heißt Giuseppe, Beppe, Peppino. Ist es nicht merkwürdig, daß ein Land, in dem sich die ›Ehre‹ eines Mannes nach seiner physischen Potenz mißt, den heiligen Joseph als Schutzherrn gewählt hat? Er ist ihm von den Frauen aufgezwungen worden. Aus Respekt für ihre Männer singen sie in manchen Prozessionen: »Non è vero che sei stato cornuto, poiché è stato lo Spirito Santo« – es ist nicht wahr, daß dir Hörner aufgesetzt wurden, denn es war der Heilige Geist. Trotzdem ist der Schutzpatron, der Wohltäter Italiens, das genaue Gegenteil von dem Ideal des italienischen Mannes. *Er* arbeitete, der Mann des Südens arbeitet nicht. *Er* half seiner Frau bei ihren häuslichen Arbeiten, der Mann des Südens, der sich ein Paket auf der Straße zu tragen schämt, würde eher sterben als ihr helfen. *Er* war keusch, der Mann des Südens schindet seine Gattin. Die Frauen von Tropea, von Vibo Valentia und Briatico stiegen zum Strand hinunter, den die untergehende Sonne in Flammen setzte. Sie verglichen diese Flammen mit der Glut ihrer Männer und träumten von dem Glück, den heiligen Joseph als Mann zu haben. Als wir gerade um das Kap Vaticano herumfahren wollten, kündeten uns heftige Detonationen an, daß sie am Gestade angekommen waren. Wir sahen den Rauch der Raketen in die reine Luft steigen.

Es ist nichts davon geblieben. Von Reggio bis Locri, von Locri bis Crotone, von Crotone bis Sybaris, von Sybaris bis Metaponte, von Metaponte bis Tarent hat sich die ionische Küste, die in der Antike eine der bebautesten, der reichsten und zivilisiertesten Gegenden der Welt war, in ein ausgedörrtes Land verwandelt, von dem nicht nur die Spuren der wichtigsten Gebäude verschwunden sind, sondern oft auch die Erinnerung an den Ort, an dem sie einst standen. Natur und Geschichte haben einen Schiffbruch sondergleichen erlitten.

Ich hatte eigentlich nicht die Absicht gehabt, mich mit Großgriechenland aufzuhalten oder mehr als in Anspielungen davon zu sprechen. Ich habe die drei Heiligtümer in Paestum mit Schweigen übergangen, ebenso wie ich in Sizilien das Tal von Segesta, das Chaos der umgestürzten Säulen von Selinunt und das Tal der Tempel von Agrigent übergehen werde.

Das Licht, das von Griechenland kommt, hat noch einen solchen Zauber, daß das bloße Evozieren griechischer Orte und Namen die Wirklichkeit des Südens mit einer allzu trügerischen Legende umgibt. Man muß wählen: entweder sieht man die Bauern Kalabriens und Siziliens weiterhin als ›Griechen‹ und mißt diesen Sklaven des Hungers und Unglücks in den mythologischen Landschaften des Kap Palinuro und des Golfs von Tarent nicht mehr Bedeutung zu als den Gestalten Poussins unter dem weitgespannten, lichterfüllten Laub; oder aber man interessiert sich für diese Menschen, so wie sie sind, und findet sie fesselnd, aber nicht als Menschen, die irgendeine Beziehung zum antiken Griechenland haben.

Kein Strahl von Hellas darf das wirkliche Kalabrien, Lukanien und Sizilien in einen künstlichen Glanz hüllen! Man muß sogar darauf verzichten, die griechischen Mythen auszubeuten und in ihrer märchenhaften Nacht ferne Vorläufer für die Madre mediterranea zu suchen, Demeter zum Beispiel, die Göttin des Getreides und der Fruchtbarkeit, die in dem sizilianischen Heiligtum von Enna verehrt wurde; Persephone, ihre Tochter, die man in Locri anbetete; oder Hera Lacinia, der man in Crotone und an der Mündung des Sele nahe Paestum huldigte, in Erinnerung an den Tag, als sie die Argonauten landen ließ und den Frauen Lukaniens den fruchtbaren Apfel des Granatbaumes schenkte.

Welcher Zauber in diesen Namen! Wie leicht verführen sie einen! Je weniger Anspielungen auf Griechenland sich in einem Buch über den Süden finden, um so größer ist die Chance, daß dieses Buch der Wahrheit entspricht.

Ich hätte gewiß Großgriechenland, was man im engeren Sinne so nennt, das heißt, die ionische Küste, die zwischen Reggio und Tarent liegt und die von den Griechen im 8. Jahrhundert vor unserer Zeitrechnung kolonisiert wurde, nicht ausgenommen, wenn die Katastrophe, die jene reichen und mächtigen Städte verschlungen, jede Spur von ihnen ausgelöscht und die üppige Gegend in wüstenähnliches Heideland verwandelt hat, nicht die geheimnisvollste und fesselndste aller Niederlagen wäre, die dem Süden auferlegt sind, und ein Hinweis auf sein Schicksal.

Kaum hat man sich von Reggio in südlicher Richtung

entfernt, so verändert sich die Landschaft. Die prächtigen Bäume und Felder der tyrrhenischen Küste machen der Wüste Platz. Kilometer um Kilometer abwechselnd Strände aus rotem Sand, nackte Mergelhügel, riesige, ausgetrocknete Flußbetten zu Füßen des Aspromonte. Nach dem Kap Spartivento (»das die Winde verteilt«), dem südlichsten Punkt der Halbinsel, kommt man nach Brancaleone, dem ersten Dorf auf der ionischen Seite. In der Umgegend sind die größten Jasminanpflanzungen Europas, versteckt jedoch hinter den staubigen Glaswänden von Gewächshäusern; unter der Sonne grünt nur der stachelige Dattelkaktus. Das Dorf, das aus ein paar baufälligen Häusern am Meer besteht, ist unvorstellbar schmutzig und trostlos; der Strand dient als Abfallplatz; einen höhnischen Fluchtweg bietet die eingleisige Eisenbahnlinie, die sich in der Ferne im Sand verliert.

Eine dieser Hütten beherbergte sechs Monate lang Cesare Pavese, der vom faschistischen Regime verbannt worden war. Im Kampf mit Einsamkeit, Kälte, Asthma, Küchenschaben und heimlichem Groll verbrachte er in Brancaleone den schaurigsten Winter seines Lebens. Er interessierte sich nicht für seine Bewohner, wußte nichts von der Bedeutung des Jasmins für die lokale Wirtschaft, haßte das Meer und verzehrte sich in destruktivem Trotz. Währenddessen verbrachte sein Freund Carlo Levi, Turiner auch er und aus den gleichen Gründen in den Süden verbannt, in einem kleinen Dorf im Inneren Lukaniens namens Gagliano, das nicht weniger armselig und finster ist wie Brancaleone, einen wunderbaren Winter, der sein Leben erneuerte. Pavese schrieb über seinen Aufenthalt einen fahlen, verzweifelten Roman, ›La Prigione‹,

Carlo Levi machte aus dem seinen ›Cristo si è fermato a Eboli‹, das gelungenste Buch der zeitgenössischen italienischen Literatur. Die Erfahrung des Südens, die für beide gleich neu und unerwartet war, gab ihrer inneren Veranlagung eine endgültige Form und machte aus dem einen den Prototyp des Introvertierten, aus dem anderen den des Extrovertierten. Ja, die Verschiedenheit der Charaktere wird so deutlich, daß man an angeborene Neigungen glaubte, wenn man sich nicht sagte, daß es vielleicht leichter war, sich für ein Dorf wie Gagliano zu interessieren, das noch in magischen Riten verloren und noch niemals aus der Nacht der Zeiten erwacht war, als für ein Dorf wie Brancaleone, dessen Geschichte sich ein für allemal vor zweitausendfünfhundert Jahren abgespielt hatte.

In den Fragmenten von Ibicos, dem griechischen Dichter von Reggio, werden ›Äpfel‹ erwähnt, ›Flüsse‹, ein ›Garten der Nymphen‹, ›Perlen der Weinberge‹, ›schattige Reben‹, doch wenn man die trockenen Steine der vom Hochwasser verwüsteten Flußbetten sieht, die unfruchtbare Küste, die nur durch die Masten der Eisenbahn aufgeheitert wird, dann fragt man sich, was wohl geschehen sein mag, daß, abgesehen von den Siedlungen der Griechen, sich auch die Beschaffenheit des Bodens, die üppige Flora und der Wasserreichtum so grausam verändert haben.

Während wir die Küste nach Locri hinauffahren, zu der Stadt Persephones, deren Tempel, einst das drittwichtigste Heiligtum Griechenlands, noch nicht einmal lokalisiert werden konnte, fragen wir uns nach dem Geheimnis dieser Katastrophe. Und ich zähle die bekannten Gründe auf: die Einfälle der Sarazenen, die Malaria, der zur Zeit der Kreuzzüge beginnende Kahlschlag, die aus jenen Hügeln, deren Bäume den Regen anzogen, abgezehrte Berglein machten; und die weniger bekannten, wie die Erdbeben, die zweifellos die Verlagerung und das Verschwinden von Quellen und damit das Austrocknen der Wasserläufe erklären könnten.

Ausgrabungen in Locri haben einige Grundmauern zweitrangiger Tempel freigelegt. Die einzigen der Zerstörung entgangenen Säulen wurden schon im zehnten Jahrhundert nach Gerace gebracht, in diese merkwürdige befestigte Stadt in den Bergen; man sollte nicht versäumen, die finstere, prachtvolle Kathedrale anzusehen, die das bemerkenswerteste Bauwerk Kalabriens ist und deren drei romanische Schiffe auf griechischen Säulen ruhen. Von dem antiken Locri blieben außerdem drei schöne Statuen, die unglücklicherweise am Ende des vorigen Jahrhunderts ausgegraben wurden, als es Sitte war, die archäologischen Funde in die Museen der Provinzhauptstädte zu schicken, anstatt sie an Ort und Stelle zu lassen, wie man es bei den jüngsten Grabungen in Paestum getan hat. Neapel hat sich die beiden Dioskuren von Locri angeeignet, Reggio den jungen, nackten Reiter. Eine unnütze Beraubung nach all denen, die man beklagt.

Nach drei Stunden roten Staubs in den Augen, nach kilometerlangen, unfruchtbaren, von großen, unheimlichen Schluchten durchschnittenen Ufern gelangen wir nach Crotone, Crotone, das wir sofort wieder verlassen hätten, so häßlich und traurig ist diese moderne Stadt, wenn nicht abermals die Erinnerung an das, was sie einst war, ihrer heutigen Banalität einen finsteren Glanz gäbe: Crotone war berühmt wegen seines gesunden Klimas: Gissing glaubte dort an Malaria zu sterben. Crotone rühmte die Schönheit seiner Frauen: die Rasse ist jämmerlich verwelkt. Man kann sich kaum vorstellen, daß Zeuxis von hier seine Modelle nahm, um das Idealporträt von Helena, der schönsten antiken Heldin, zu entwerfen! Crotone verwirklichte den griechischen Traum vom Gleichgewicht zwischen Körper und Geist, als es in seinen Mauern den Mathematiker, Philosophen und geistigen Führer Pythagoras beherbergte und Milon, der sechsmal bei den Olympischen Spielen Sieger gewesen war. »Der Letzte der Crotoner ist immer noch der Erste der Griechen«, sagte man in der hellenistischen Welt. Eine Idylle Theokrits hat als Kulisse Crotone, diese gelbe, verbrannte Landschaft, in der kein Grashalm mehr wächst.

Das größte Heiligtum Großgriechenlands erhob sich elf Kilometer entfernt, am äußersten Ende des Kap Lacinium, das man in Kap Colonna umbenannt hat wegen der einzigen Säule, die von dem der Hera geweihten Tempel übriggeblieben ist. Hier wenigstens kennen wir die Gründe für die Zerstörung. Hannibal, der in Crotone die letzten drei Jahre seines Aufenthaltes in Italien verbrachte, plünderte vor seiner endgültigen Rückkehr nach Afrika die Schätze des Heiligtums und hinterließ dafür eine in Bronzetafeln gravierte Aufstellung seiner Siege.

Im 16. Jahrhundert ließ ein Bischof von Crotone, Antonio Lucifero, die Säulen fortschaffen, um sich einen Palast zu bauen. Zwei verschonte er. Die eine stürzte bei einem Erdbeben im Jahre 1638 zusammen. Nach den besonders schrecklichen Erdstößen von 1783 dienten die Steine des Sockels dazu, den Hafen wieder aufzubauen.

Als wir den Ort verlassen, kommen wir an dem riesigen chemischen Werk Montecatini vorbei. Crotone ist die einzige Stadt in Kalabrien, die mit der Industrialisierung in Berührung gekommen ist, die einzige auch, deren Bewohner nicht mehr auswandern.

Wieder fahren wir am Meer entlang, an dieser Küste, die ebenso ausgedörrt ist, wie die tyrrhenische reich an üppigem Grün war. Einige ärmliche Bahnhöfe an den immer leeren Schienen. Die Landschaft ändert sich, als wir uns Sybaris nähern oder besser der Ebene, auf der Sybaris mutmaßlich lag, denn noch niemand konnte den Ort ausfindig machen, an dem diese reichste und prunkvollste Stadt Großgriechenlands sich einst befand (nach Strabon hatte sie dreihunderttausend Einwohner). Die Erde kann dank der Bewässerungsarbeiten wieder bebaut werden, aber das, was unter dem Boden liegt, bleibt ein fast ebenso unerschlossenes Geheimnis wie die Sprache der Etrusker oder Atlantis.

Der Haß, der zwischen den Städten Großgriechenlands schwelte und ihren Untergang vorantrieb, war verhängnisvoll für Sybaris. Die Bürger von Crotone, eifersüchtig auf ihre mächtigen, eingebildeten Nachbarn, beschlossen, sie gründlich zu bestrafen, und selbst Pythagoras drängte in seiner philosophischen Ablehnung der sybaritischen Verweichlichung zu einem Feldzug. Sybaris wurde erobert und dann, entgegen der Meinung des Weisen, dem Erdboden gleichgemacht. Man zerstörte die Dämme, die die wilden Wassermassen des Crathis zurückhielten; der Fluß stürzte von den Bergen herab und zerstreute die Ruinen im Meer. Kein einziger Stein der großen achäischen Kolonie konnte wiedergefunden werden. Man sucht mit radarähnlichen Geräten, die unter der Erde Wellen ausstrahlen. Von den wenigen Mauern, die man auf diese Weise entdeckt hat, kann man nicht genau sagen, ob sie zu Sybaris oder zu dem römischen Copia gehören, das lange nach Sybaris an einem Ort gebaut wurde, der vielleicht nicht der von Sybaris war. Die unter den Anschwemmungen des Crathis neben oder über der griechischen Siedlung begrabene römische Stadt gibt im übrigen nicht weniger schwierige Rätsel auf.[7]

Der lukanische Teil der ionischen Küste, das Gebiet des alten Metaponte also, war so fruchtbar, daß die Münzen dort mit dem Symbol einer prächtigen, strotzenden, bärtigen Ähre geschmückt wurden. Weizenfelder bedecken auch heute wieder die Ebene, die mit weißen Bauernhöfen gepunktet ist; und auf einer kleinen Anhöhe stehen die fünfzehn Säulen, die von dem Tempel der Hera übriggeblieben sind, dem einzigen Gebäudekomplex Großgriechenlands, der der Zerstörung entgangen ist. (Ziemlich häßlich im übrigen, diese Ruinen: zehn Säulen sind auf der Nordseite aufgereiht, fünf gegenüber auf der Südseite, ohne daß sie einen Winkel bilden; wie gut versteht man bei ihrem Anblick, daß die Schönheit eines Tempels von der Anordnung der Linien abhängt!)

Warum haben die Plünderer diese Säulen verschont? Sie tragen den merkwürdigen Namen ›Tavole dei Paladini‹. Die Bewohner hatten schon damit begonnen, die Steine des Sockels und der Cella fortzuschaffen, und zweifellos hätten sie, wie es üblich war, den ganzen Tempel zerstört, wenn der Anblick der großen Säulen in der Ebene sie nicht an Karl den Großen und seine Ritter und an die Legende ihrer Taten erinnert hätte, die im Süden einen unglaublichen Widerhall fand. Der Volksglaube machte die Säulen des dorischen Peripteros zu den Beinen eines riesigen Tisches, an dem Kaiser, Ritter, Riesen und Zauberer gefeiert hatten: auf diese Weise wurden sie verschont.

Metaponte bleibt uns im Gedächtnis als der Ort der ersten Begegnung mit den Paladinen Frankreichs. Die Paladine, die den Tempel vor dem Nichts retteten, die Paladine, die mühelos die Spuren der Griechen auslöschten, die Paladine, die so oft mitten im zwanzigsten Jahrhundert die sizilianischen Nächte mit ihren wunderbaren Heldentaten beleben.

Tarent, das bereits aus zwei Städten bestand, einer mittelalterlichen, unendlich armen, die auf den Ruinen der griechischen, von den Sarazenen zerstörten Stadt gebaut ist, und einer modernen mit geraden, ehrbaren Straßen, zählt nun noch eine dritte, deren Oberfläche dreimal so groß ist wie die ersten beiden zusammen: das Eisenhüttenwerk von Italsider, das vor zwei oder drei Jahren aus der Erde geschossen ist, an Stelle von zwanzigtausend Olivenbäumen, die man fällen mußte.[8]

Ein Segen für Tarent, das seit zweihundert Jahren besonders viel Pech gehabt hat. Es lebte von Kleinhandel und Seegeschäften, als die Regierung des geeinten Italien beschloß, es zu seinem Militärarsenal und zum Ausschiffungshafen für die afrikanischen Expeditionen zu machen. Die kleinen Industrien gingen ein, die privaten Schiffswerften verschwanden. Dann kam der letzte Krieg, und das Arsenal wurde zertrümmert. Die Alliierten entschieden, daß man es nicht wieder aufbauen werde. Tarent lag also im Sterben. Man war im übrigen geneigt, es für faul zu halten aufgrund dessen, was es zu Zeiten der Griechen und Römer gewesen war: die Stadt der Freuden und des Müßiggangs, ›molle Tarentum‹, wie man sagte. Wetten wir, daß diese Verweichlichung im Kontakt mit Dampfhämmern, Hochöfen und Walzwerken verschwinden wird.

Wirklich raffiniert habe ich in Tarent nur die Küche gefunden. Es gibt mindestens zwei Restaurants, wie ich sie in ganz Süditalien nirgends gesehen habe, ausgenommen in Syrakus. Fisch mit Oliven, Krevetten mit drei Soßen, das sind die einzigen Spuren jener legendären Genüßlichkeit, die noch einen Erzbischof des 18. Jahrhunderts veranlaßte, über seine Tür zu schreiben: *Si Adam hic peccavisset, Deus ignovisset* (Wenn Adam hier gesündigt hätte, so hätte ihm Gott vergeben).

Tarent schien mir eher rauh, mit seinen finsteren alten Vierteln und dem geschäftigen Bürgertum seiner neuen Viertel. Der Autoverkehr gehorcht strengen, absurden Regeln; und man bemerkt auf den Gesichtern die besondere Unruhe, die Hoffnung auf Wohlstand hervorbringt. Aber Tarent ist bereits Apulien, die erste, die einzige Provinz, die sich vom Süden zu befreien beginnt.

Um mit Großgriechenland zu Ende zu kommen, fehlte uns noch die klassische Pilgerfahrt zur Mündung des Galesus auf der anderen Seite des Golfes von Tarent, berühmt wegen der Austern. Die Ufer des Galesus dienten Vergil als Kulisse für seine Bucolica. Seine Schatten seien süß wie der Honig des Hymetos, berauschend wie Falernerwein, sagte Horaz. Was bleibt davon? Wo wuchs die dichte Buche, deren Schutz Tityrus suchte, um seine Schalmeien zu blasen? Der Galesus – wenn er es wirklich ist, denn es gibt Zweifel über die Identifizierung; vielleicht ist er einfach verschwunden, in Nichts aufgelöst von der völligen geologischen Veränderung – ist nur noch ein armseliger Bach. Wie lang mag er sein? Vierhundert Meter höchstens. Er entspringt zwischen dem Schilf eines Sumpfes und fließt träge durch den Sand. Hier wie anderswo ist die idyllische Landschaft der Antike auf unerklärliche Weise untergegangen.

Adler, Auge

Werden wir das fruchtbare Apulien wiedersehen?

Die barocken Städte Lecce und Gallipoli, prunkvoll in goldfarbenen Sandstein geschnitten; Gallipoli, weniger auffällig, aber mir lieber, Lecce berühmter, das Florenz des Barock nach Gregorovius, das Salzburg des Südens nach Mandiargues, das Athen Apuliens schließlich, das gebildete Lecci, in dem sich die Buchhandlungen von ferne durch Schilder ankündigen, das elegante Lecce, in dem die Barbierläden nicht wie sonst ›Salone‹ oder ›Barbiere‹, sondern ›Sala di Toiletta‹ heißen, das wollüstige Lecce, in dem ich mich erinnere, die einzigen hübschen Mädchen des Südens gesehen zu haben, die einzigen gut gekleideten?

Die Schlösser Friedrichs, Castel del Monte, dieses vollendete Oktogon, das an seinen acht Ecken von acht oktogonalen Türmen flankiert wird, einsam und großartig wie ein Theorem auf der Spitze eines Hügels über den Weinbergen. Lucera mit seinen riesigen roten Stadtmauern, in dem der Freund des Islam sechzigtausend Sarazenen ansiedelte, die Karl II. von Anjou, der Neffe des heiligen Ludwig, auf höchst christliche Weise in einem grausamen Massaker umbrachte?

Die romanischen Kathedralen von Bari, Trani, Bitonto, Troia, die schönsten, die es vielleicht auf der Welt gibt?

Die Fresken der basilianischen Mönche, die illustrierten ›exultet‹ der Kathedralen, die um so wertvoller sind, als der Süden sonst mit Malerei geizt?

Das wunderbare Molfetta, den zweitwichtigsten Fischereihafen Italiens nach Chioggia? Seine Kathedrale, die ganz dicht am Meer steht wie die von Trani, weniger groß, weniger ruhmreich, grau, nicht rosa, aber mit einem Kuppelgewölbe, das nach meiner Kenntnis nur in der schwerelosen, geheimnisvollen Kirche von Fontevrault ein Gegenstück hat? Von Feuchtigkeit zerfressen, stürzen die Häuser ins Meer. Welche Traurigkeit! Welche Schönheit! Werden wir mit dem Freund Enrico wieder auf die Schiffswerft gehen, zwischen die Schiffsrümpfe, die Zimmerleute, die Kalfaterer und die Gerüste, werden wir das Kind wiederfinden, das die Spanten vorbereitete und wie zu Zeiten Homers das zu biegende Brett über ein Feuer aus Sägespänen hielt? Werden wir ziellos zwischen den Fischern einherschlendern, deren Vereinigung ›Die Arbeiter des Meeres‹ heißt, als Huldigung für Victor Hugo, der Molfetta in seinem Roman erwähnt? Werden wir den fast blinden Handwerker im hintersten Winkel seiner fensterlosen Höhle besuchen, der aus Blechstücken und Stoffresten die gewappneten und behelmten Paladine Frankreichs herstellt? Molfetta, vermodert, doch kraftvoll, *miele facta*, ›aus Honig gemacht‹, nach der Etymologie der Optimisten, *male facta*, ›schlecht gemacht‹, nach den Pessimisten, den unheilbaren, erbarmungwürdigen und faszinierenden Pessimisten des Südens?

Die zierlichen ›trulli‹, diese uralten kleinen, komischen, weißen Häuser mit dem braunen Dach, die, hier und dort in den Weinbergen verstreut, so hübsch anzusehen sind und deren spätere Anhäufung in Alberobello ein Widersinn ist, da ihr Ursprung auf den Erlaß eines spanischen Tyrannen zurückgeht, der seinen Untertanen verbot, anders als in verstreut liegenden Häusern zu wohnen, was die Bauern dazu veranlaßte, ihre Häuschen zu vervollkommnen und zu verschönen, da sie sich nicht in Dörfern zusammenschließen konnten?

Die petrochemischen Fabriken von Brindisi[9], die ein Gebiet bedecken, viermal so groß wie die Oberfläche der Stadt, ehemals ein Artischockenfeld? Die große Ebene des Tavoliere, auf der das Wasser jetzt reichlich sprudelt und die ein neues Kalifornien zu werden verspricht? Werden wir wieder in die Hauptstadt Bari kommen, um uns über den ungeheuren wirtschaftlichen Fortschritt zu freuen, der die Provinz wachrüttelt und uns im rechten Augenblick daran erinnert, daß es nichts weniger Verlaustes gibt als Apulien[10], dessen Name von dem antiken Apulia herkommt?

Ach! Es gibt zu viel in Apulien zu sehen, und wir haben keine Lust, toskanisiert zu werden! Wir begnügen uns damit, in den gebirgigen, kahlen Teil zurückzukehren, in das Gebiet, das an Lukanien grenzt und noch ziemlich trostlos und öde ist, voller Risse und Höhlen, zurück in die kreidehaltige Murge, wo die Agrarreform erfolglos geblieben ist. Die Cassa del Mezzogiorno hat den Bauern wohl einige Hektar Land zugewiesen, aber unbebautes Land, das dazu verdammt ist, es zu bleiben; sie hat ihnen wohl Maschinen, Werkzeug, Saat und manchmal sogar Häuser gegeben, aber Häuser ohne Wasser und ohne Licht. Je mehr man sich von der grünenden Küste entfernt, um so wüstenähnlicher wird das Land, und man bemerkt hier und dort auf den Flanken der Hügel die leeren Hürden verlassener Schäfereien.

Altamura: wieder eine Kathedrale. Ich gehe nicht hinein, sondern schreibe folgendes von einem Zettel ab, der draußen befestigt ist:

VIVA SAN GIUSEPPE DA COPERTINO
PROTETTORE DEGLI ESAMINANDI
PROTETTORE DEI PARACADUTISTI DELLA NATO
PROTETTORE DELL'AVIAZIONE ANGLOSASSONE
SANTO, SII IL BENVENUTO TRA DI NOI[11]

In Gravina di Puglia (Schlucht Apuliens), welche Überraschung! Am anderen Ende des Bahnübergangs, halb verdeckt von dem gegenüberliegenden Bahnhof, ein Monument, das zweifellos einzigartig in Europa ist, so gut versteckt, daß ich es nirgends, weder in den üblichen Führern noch von Amateuren habe erwähnen hören.

Eine Kirche ohne Kampanile, deren hohe, massive Fassade auf der ganzen Länge des Frontispiz das Relief eines königlichen Adlers mit ausgebreiteten Schwingen trägt. Auf beiden Seiten der Rosette, die ihm als Brust dient, streckt er seine roten Flügel aus, die Feder für Feder in den Tuffstein gehauen sind, der Kopf ist nach der Seite hin abgeplattet, als wolle er für seine Beute unsichtbar bleiben. Ein geschliffener Malachit glänzt in der Höhlung des Auges.

Dieser Adler gehört zu dem Wappen des Bischofs, der, wie uns der Sakristan sagt, die Kirche 1602 bauen ließ. Auf der Spitze des Gebäudes sieht man, scharf gegen den Himmel geschnitten, die Tiara, ebenfalls mit grünen und roten Steinen eingelegt. 1602: das goldene Jahrhundert der spanischen Besetzung. Der Vogel, der eher mexikanisch wirkt als spanisch, breitete seine Fittiche nicht nur über die Kirche Santa-Maria-delle-Grazie (ein süßer Name, mit Absicht gewählt, um den Horst des Raubgierigen zu tarnen), sondern auch über die Schlucht und die Ebene und Apulien bis zum Meer und über den ganzen Süden, der unter diesem Schatten zitterte.

Ist es ein Zufall, daß man den Bahnhof genau vor den Adler gebaut hat, um so den unheilbringenden Einfluß zu hemmen? Der Vogel regierte nicht nur durch seine Flügelweite, er herrschte durch sein Auge. Und das Malachitauge des Adlers hält weiterhin Apulien und den Süden unter seinem magischen Blick. Das kalte Licht dieses grünen Auges – wie oft haben wir davor geschaudert in den schweigsamen, wilden Dörfern, in denen es keine andere Form des sozialen Austauschs und Lebens gibt als das stumme Zusammentreffen der Blicke! Wir haben es in der neidischen Pupille der einen, in der siegreichen Pupille der anderen leuchten sehen, inmitten jener tiefen Stille, die alle Mißverständnisse und allen Haß nährt.

Ein Auge, das lange verweilt, ist der für ewig in die steinerne Augenhöhle eingelassene Malachit des Adlers, der über den Bahnhof hinweg das gefurchte, verbrannte Land betrachtet, nicht das Auge schlechthin, ist er nicht in diesem ständig erniedrigten Land der böse Blick? Ist nicht dieser Vogel der Vogel schlechthin, der Vogel des bösen Schicksals, der Adler des Unglücks? Ach, da das Leben in den Murge und im ganzen benachbarten Lukanien eine Folge von Mißerfolgen und eitlen Hoffnungen ist, will ich gerne glauben, daß die Schuld den Zauberkünsten dieses Blicks zukommt. Und nachdem ich der eisigen Macht des Despoten von Gravina ausgeliefert gewesen bin, wird es mich nicht mehr wundern, daß Lukanien die Gegend Europas geblieben ist, in der die Hexerei und die Magie, die Angst vor der Faszination der Augen und der Zauber des bösen Blicks trotz aller Argumente des gesunden Menschenverstandes und der Technik überlebt haben.

Matera, die Hauptstadt Lukaniens, hat sich seit der berühmten Beschreibung Carlo Levis nicht verändert. Die Altstadt bröckelt immer noch in einen wilden Abgrund hinab, der auf der anderen Seite von einer kahlen, kalkhaltigen Hochebene begrenzt wird. Die Häuser stehen immer noch in zwei Halbkratern über dem Abgrund, man steigt wie in der Hölle Dantes auf immer enger werdenden Kreisen zum Grunde hinab. Häuser? Eher Höhlen, direkt in den Tuffstein gegraben; manchmal hat man vor Jahrhunderten eine Fassade hinzugefügt, und unter anderen bizarren Einzelheiten kann man zuweilen die Reste eines eleganten Gesimses erblicken. Das Dach der unteren Wohnung dient der darüber als Fußboden, so wenig Platz gibt es. Eine einzige Öffnung ersetzt Tür und Fenster. Von unten hat man den Eindruck eines riesigen Käses voller Löcher. Aber der schreckliche Anblick der Promiskuität, der Krankheit, der Fliegen, der gelben, fiebrigen Kinder ist verschwunden. Geändert in zwanzig Jahren hat sich, daß die Behörden endlich beschlossen haben, außerhalb von Matera soziale Wohnungen zu bauen, um die Höhlenbewohner dort unterzubringen. Und wenn Carlo Levi, als er im Halbdunkel skelettartige Frauen und Kinder liegen sah, glauben konnte, er sei in einer von der Pest heimgesuchten Stadt, so ähnelt Matera heute einer toten Stadt, die man kürzlich unter der Asche hervorgeholt hat. Von den zwanzigtausend Einwohnern sind etwa zwei Dutzend Familien übriggeblieben. Kinder laufen uns nach: »Amerikanerin, gibst du mir zehn Lire?«

Wir irrten lange durch dieses Labyrinth von Gäßchen und kleinen Höfen, die still und unheimlich geworden sind. Hier, dachte ich, war die einzige Stadt, in der es nicht nur moralische, sondern auch physische Höhlen gab. Ich hatte oft bemerkt, daß die Männer des Südens – zweifellos, weil sie sich von der Zeit und Geschichte ausgeschlossen fühlen – vergraben in sich selbst leben, so als wollten sie nicht geboren werden. In Matera hatten sie sich Zufluchtsorte gebaut, die ihrem unterirdischen Tropismus entsprachen. Tatsächlich warf die Unterbringung der zwanzigtausend Höhlenbewohner Probleme auf, die nicht nur materieller Natur waren. In moderne Wohnungen evakuiert, kamen sie nachts mit ihrer Habe zurück, um ihre Löcher wieder in Besitz zu nehmen. Man mußte die Öffnungen vermauern.

Was wird mit diesen leeren Häusern, die keine Ruinen sind, geschehen? Sie bezeugen, was vor nicht allzulanger Zeit das schreckliche Elend des Südens war und was weiterhin die Angst vor dem Licht, die Ernüchterung ist, sie zeigen den Wunsch, wieder unter die Erde zurückzukehren, die Furcht, sich als andere, als neue Menschen akzeptieren zu müssen, das Gefühl ewiger Kleinheit und ewiger Unterlegenheit, die Angst, an der Schwelle der versprochenen Freiheit zu straucheln, die Scham und das Grauen vor der Reife, alle diese inneren Hindernisse, die die Bauernbewegung hemmen und die zu den äußeren Hindernissen hinzukommen: zu dem Widerstand der Grundbesitzer und des konservativen Staates. Der Kampf um die Emanzipation des Bodens und um die Freiheit bringt vergebens Helden hervor: er bleibt ein ängstliches und ständig bedrohtes Abenteuer.

Lukanien, wer kennt es? Von Kalabrien weiß man ungefähr, daß es den Rist des Stiefels einnimmt, Apulien seine Ferse. Aber Lukanien? Wer könnte sagen, wo es liegt? Die kleinste der italienischen Regionen, die dunkelste, die blasseste, hat mehrmals ihren Namen geändert, so als bezweifle man ihre Identität. Sie hieß früher Lukanien. Nach dem Licht (lux) der Morgenröte, das die Volksstämme Mittelitaliens auf der Suche nach neuem Land dorthin zog, sagen die Optimisten; nach den Wölfen (griechisch lukos), die sie verwüsteten, sagen die Pessimisten; nach den Wäldern (lateinisch lucus), die sie ganz bedeckten und von denen nichts geblieben ist, versichern die Sehnsüchtigen. Da sie unter der byzantinischen Herrschaft von einem Basilikos regiert wurde, nannte sie sich Basilicata. Mussolini gab ihr den Namen Lukanien zurück, um sie wieder römisch zu machen.

Außer der Ebene von Metaponte und einem schmalen Küstenstreifen gibt es nur Berge dort. Kahle, verbrannte, zerfressene, durchfurchte Berge. Fünf parallele Flüsse fließen von ihnen herab und stürzen sich ins Ionische Meer, aber der Grund der Täler ist Wüste. Die Straßen schlängeln sich in ermüdenden Kurven auf den Kämmen entlang. Auf beiden Höhen, über lehmige Abgründe und Kiesfelder hinweg, liegen sich die Dörfer gegenüber, endlos weit voneinander entfernt, abgeschnitten. Wir fuhren von Metaponte nach Monalbano hinauf, nach Pisticci, nach Craco, nach Stigliano; zur Linken ganz unten das Tal des Agri; ganz unten zur Rechten das Tal des Cavone; von Stigliano aus erreichten wir die Sohle des Cavonetals und schraubten uns auf der anderen Seite nach Ferrandina hinauf, von wo wir wieder hinunter in das Tal des Basento fuhren, das reich ist an Metanvorkommen. Abermals auf der Höhe in Miglionico, folgten wir dem Gebirgsrücken zwischen dem Basento und dem Bradano, besuchten die schönen Dörfer Grottola, Grassano und Tricarico, verzichteten auf Irsina, das uns auf der anderen Seite des Bradano wie eine uneinnehmbare Zitadelle erschien. Von dieser aufreibenden, aber wunderbaren Fahrt sind mir die wilden, tonhaltigen Heiden in Erinnerung geblieben, das weiße Chaos einer Mondlandschaft, das riesige Bett der Flüsse, die Schönheit der weißen und blauen Dörfer, die Einsamkeit und Verlassenheit, die auf dieser weiten, trostlosen Landschaft lasten.

Ist es verwunderlich, wenn jedes Zeichen in dieser Wüste, in dieser Stille einen symbolischen Wert erhält, wenn die unruhige Verliebte um Mitternacht das Fenster öffnet, um sich von den reglosen Feldern weissagen zu lassen, wenn das Gebell eines Hundes sie beruhigt wie ein Treueversprechen, wenn ein Windstoß sie in Verzweiflung stürzt wie ein Vorbote der Trennung, wenn das Rauschen von Wasser sich anhört wie Tränen und Blut? Aberglauben und magische Riten haben in diesen Dörfern ihre Macht bewahrt. Ich kenne keinen besseren Reiseführer durch Lukanien als die Bücher des Ethnologen Ernesto De Martino. Die Dörfer unterscheiden sich nicht durch ihre Kirchen, ihre Architektur, ihre Lage, sondern durch ihre einfallsreichen, magischen Vorstellungen. Um in der Hochzeitsnacht, diesem kritischsten aller Augenblicke, die bösen Geister zu entmutigen, legt man in Grottole unter das Bett der Neuvermählten eine offene Schere und eine Hippe, die den Bösewicht bei der Kehle packen; in Colobraro ein Stück Glockenseil, das ihn zwingt zu zählen, wie oft das Seil die Glocke gezogen hat, um sie zum Läuten zu bringen; in Viggiano einen Besen, dessen Haare er zählen muß; in Valsinni außer der Hippe und der Schere eine Zeitung, die seinen Geist völlig verwirren wird, da sie ihn zwingt, die Buchstaben zu entziffern, was für einen Analphabeten ein fast unüberwindliches Hindernis ist. Währenddessen versuchen die Vermählten im Kampf mit dem inneren Feind, dem uralten Verbot, über die Nacht und die Angst zu siegen und bereit zu sein für die Besichtigung, die die Schwiegermutter der Braut für den nächsten Morgen angekündigt hat.

Ich übergehe die anderen magischen Bräuche, die eine Verwandtschaft der Lukanier mit den archaischsten Völkern deutlich machen. Zum Beispiel die Riten, die während der Schwangerschaft eingehalten werden. Die künftige Mutter vermeidet, in Wasser zu treten, in dem ein Fisch gewaschen worden ist, vor allem ein Stockfisch! Der Stockfisch ist das Zeichen für einen ausgetrockneten Körper, den schmalen Körper eines blutarmen Kindes. Es ist wichtig, daß das Neugeborene kräftig und männlichen Geschlechts wird. Die künftige Mutter fragt unvermutet eine ihrer Freundinnen: »Warum hast du schmutzige Hände?« Die Freundin betrachtet ihre Handrücken: es wird ein Junge geboren. Wenn sie die Handflächen ansieht: ein Mädchen. Der Handrücken deckt, die Handfläche empfängt. Es wird auch ein Mädchen werden, wenn sich die Nudeln im kochenden Wasser legen. Wenn sie aufrecht bleiben, ein Junge. Um die Geburt zu beschleunigen, ist es gut, die Matratze etwas aufzutrennen, auf der die Gebärende liegt. Die gleiche Vorsorge trifft man bei einem Sterbenden. Das Leben beginnt und endet mit einem schwierigen Schritt: man muß dem Kind helfen, sich von der Mutter zu lösen, der Seele, aus dem Körper zu entfliehen.

Die furchtbare Angst um die Muttermilch, der Schrekken vor den bösen Geistern, die die Brüste austrocknen könnten, brachten mir den großen Adler Apuliens und sein magisches Auge ins Gedächtnis zurück. Die Mütter beobachten das Schwellen ihrer Brust und schützen sie vor dem in der Luft wogenden Neid und der Drohung, sie auszutrocknen. Die Muttermilch ist die einzige Lebensquelle für das Kind. Man kann sie auf viele Arten stehlen, von dem vorsätzlich angezettelten Hexenkomplott bis zum einfachen Blick, der versehentlich auf den Busen geworfen wird. Der neidische Blick kommt meist von einer anderen Mutter, aber erotische Lust kann auch dem Blick eines Mannes dieselbe verhängnisvolle Macht geben. Ein Bauer, der nach der Ernte nach Potenza zurückkehrte, kam in einem Dorf an einer jungen, stillenden Frau vorüber. Obwohl er sich bemühte, nicht darauf zu achten, hatte der Anblick des weißen Busens die Begierde in ihm entzündet. Als er in Potenza angelangt war, fühlte er ein Kribbeln in seiner Brust und bemerkte darin einen Überfluß an Milch. Er verstand, machte sich wieder auf den Weg, kehrte in das Dorf zurück und fand die junge Frau, deren Brust versiegt war, in Tränen aufgelöst. Ohne weitere Erklärung schickten sie sich an, den Ritus der Milchrückgabe zu vollziehen. Der Bauer sagte folgende Verse:

Ho il tuo latte
Dammi una fetta di pane
Ora ci do un morso
E tu me lo strappi dicendo
»Dammi il pane mio«.[12]

Währenddessen machten sie die vorgeschriebenen Gesten: die Frau reichte dem Bauern schweigend ein Stück Brot, der Mann grub seine Zähne hinein, und die Frau riß es ihm aus dem Mund, indem sie wiederholte: »Gib mir mein Brot!« Nach Beendigung der Zeremonie trennten sie sich, ohne ein Wort hinzuzufügen. Befreit von der unerwünschten Schwellung, ging der Bauer für immer aus dem Dorf, während der Busen der Amme sich wieder füllte.

Um das entgegengesetzte Übel wiedergutzumachen, die Verstopfung der Milchdrüsen nämlich, hat die Volksmagie die Gestalt eines bärtigen Zwerges erfunden, der so komisch ist, daß man unweigerlich bei seinem Vorübergehen lachen muß. Gekränkt rächt sich der Gnom, indem er ein Haar seines langen Bartes in die Brust der Frauen steckt. Diese sagen darauf ein kleines Gedicht auf, um dem Zwerg zu erklären, daß sie sich nicht über ihn lustig machen wollten. Versöhnt hebt das Männchen den Zauber auf: er nimmt sein Barthaar zurück und befreit die Milch.

Tricarico. Ein weiß und blau gekalktes Dorf, wie die anderen, und doch ein wenig anders. Auf der Fassade eines kleinen Hauses hängt eine Gedenktafel an Rocco Scotellaro, ›den Dichter der bäuerlichen Freiheit‹. Scotellaro ist das Gegengift der Magie. Als Bauer leitete er nach Beendigung des Krieges die Verteilung der Felder. Als Bürgermeister seines Dorfes gründete er ein Krankenhaus. Auf die verleumderische Anklage der Erpressung hin verhaftet, entdeckte er im Gefängnis die Neigung und das Bedürfnis zu schreiben. Als Schriftsteller verfaßte er die erste Autobiographie eines Bauern. Als Soziologe bediente er sich zum erstenmal der Methode der Umfrage, die Danilo Dolci weiter ausgebaut hat; er brachte die Bauern des Südens dazu, durch Wort und Mitteilung ein Bewußtsein ihrer selbst zu erlangen, er stellte Fragen und verhielt sich so, daß jeder durch den Bericht der eigenen Geschichte seine eigene Persönlichkeit entdeckte. Als Dichter kopierte er nicht mit alten Worten die alte Welt: Er schaffte die Dinge, die noch nie genannt worden waren, die Olivenhaine, den Tuffstein, die Höhlen, indem er ihnen zum erstenmal einen Namen gab. Erschöpft von so vielen Berufen starb er 1953 mit dreißig Jahren. Er war der erste Mann des Südens, der seine Befreiung vom Süden einzig sich selbst verdankte. Aber hat er Nachfolger? Alles, einschließlich seinen literarischen Ruhm, hat das wankelmütige Italien sofort vergessen.

Weiter im Norden: Lagopesole, Melfi. Zwei Schlösser Friedrichs, gedrungen, quadratisch, geometrisch, jeweils auf der Spitze eines Hügels gelegen, von der aus der große König (auch er ein Dichter) auf der Jagd nach seinen Falken in die Ebene hinabritt. Friedrich ist stets gegenwärtig in Apulien, Lukanien und Sizilien, aber als Klage über all das, was hätte geschehen können, wenn er nicht vorzeitig gestorben wäre, wenn der Papst nicht gegen seinen Sohn Manfredi den Bruder des heiligen Ludwig, Karl von Anjou, aufgehetzt, wenn die christlichen französischen Fürsten, Karl von Anjou und sein Sohn Karl II., nicht die Rasse der Hohenstaufen, Manfredi und die Söhne Manfredis, ausgerottet hätten, wenn der erste weltliche Staat der Moderne, der Wissenschaften und Künste schützte, nicht unbarmherzig zerstört worden wäre, was die bekannten Folgen gehabt hat: die Spaltung zwischen Christentum und Islam, die mit jahrhundertelangen Sarazeneneinfällen bezahlt wurde, die Einsetzung des Feudalsystems, das Wüten des katholischen Obskurantismus, die Erniedrigung der Frauen.

Letzte Etappe in Lukanien: Venosa. Wir wollten die Heimat von Horaz sehen. Welch seltsame Idee. Wir mögen Horaz nicht. Er ist der Prototyp des bürgerlichen, selbstzufriedenen Schriftstellers: ein Literat. Der lokale Maler De Chirico (Pasquale) hat ihn an seinem Arbeitstisch dargestellt, die Feder in der Hand, mit heiterer Miene, so als sage er: tut wie ich, verlangt nicht zuviel, und ihr werdet genug haben. Die goldene Mitte, *Carpe diem*. Die Rosen des Lebens. Der ganze gezierte, sanfte Humanismus des Gymnasiums.

Dennoch trieben uns Gewissensbisse, das sogenannte Haus des Horaz zu besichtigen, einen halbkreisförmigen Raum mit Balken, leer, uninteressant, noch nicht einmal authentisch. Anschließend bestellten wir eine Mahlzeit in dem einzigen Gasthaus des Ortes. Wir stiegen eine große, weiße Treppe hinauf bis zu einem Absatz, von dem aus wir durch halboffene Türen ungemachte Betten sahen. Im Speiseraum saß mit dem Rücken zu uns ein ungeheures Mannweib, eine wahre Riesin, die einen Teller Spaghetti aß oder vielmehr in sich einsaugte. Ihr Hinterteil hatte nur zu einem kleinen Teil auf dem Stuhl Platz. Rundherum hing das Fleisch herunter. Das kurzgeschnittene Haar ließ den roten Nacken frei. Sie erhob sich stöhnend, brachte den Fußboden zum Ächzen und stellte sich ans Fenster. Wie jung ihr Gesicht war! Sie schaute einige Augenblicke lang auf die Straße und ließ sich dann auf ihren Stuhl zurückfallen. Wieder begannen die Spaghetti mit dem Geräusch von Wasser, das von einem Erdloch aufgeschluckt wird, in ihren Schlund hinabzurutschen. Sie fuhr fort zu stöhnen, vielleicht dachte sie an die Sitzung, die der Mahlzeit vorangegangen war, und an die, die ihr folgen würde, in dem Zimmer mit den schmutzigen Laken, mit dem Mann, dem sie auf der Straße zugeblinzelt hatte. Vielleicht wurden vor ihrem Geiste alle anderen Zimmer ihres Wanderlebens wieder deutlich, alle anderen Männer, denen sie sich von Dorf zu Dorf hingegeben hatte. Wenn sie durch ihren Beruf so frühzeitig gealtert ist, dachte ich mir, so darf sie die Schuld nicht ihm allein zuschieben. Wie viele völlig aufgelöste Körper beiderlei Geschlechts hatten wir seit sechs Wochen schon gesehen! Tausende und aber Tausende. Horaz und sein *carpe diem* schienen mir plötzlich weniger töricht. Man muß sich beeilen hier: das ist nicht die Ermahnung eines vorsichtigen Egoismus, sondern Notwendigkeit. In keinem Land ist die erste Jugend so schön, in keinem Land vergeht sie so rasch. Das Leben geht zu schnell dahin, Horaz wußte es. Er hat als Mann des Südens einen Rat gegeben, er hat ihn den Kindern des Südens gegeben, und er tat gut daran.

In diesem Buch kommt Religion wenig vor, aber so ist es nun einmal: ich habe nicht festgestellt, daß die Religion eine wichtige Rolle spielte. Die Democrazia Cristiana zählt. Es zählen die Magie, der Aberglauben, die Riten, aber nicht die Religion. Die Jungfrau Maria und die Heiligen werden reichlich angerufen: Gott aber bleibt abseits, unbekannt.

Und die Priester? Verehrt, verhöhnt? Als Scotellaro im Gefängnis war, bekam er einiges über die Priester zu hören. Es war einmal ein Küster, der niemals eine Sünde bekannte. Nichts, er hatte nie etwas verbrochen. »Wieso nichts?« fragte ihn der Priester. »Wer hat den Käse aus der Speisekammer gestohlen? Und die Wurst?« Der Küster antwortete nicht. Er sagte: »Don Rocco, man hört nichts, man hört nichts.« – »Was heißt, man hört nichts?« rief Don Rocco aus. Der Küster antwortete: »Willst du's wissen, komm her, wir tauschen die Plätze, ich setze mich auf deinen im Beichtstuhl.« Sie tauschten die Plätze. »Don Rocco, ist es wahr, daß du es mit meiner Frau hast? Sag die Wahrheit.« Der Priester antwortete: »Was? Was?« – »Hab' ich dir nicht gesagt, daß man nichts hört«, erwiderte der Küster.

In Neapel kam ich aus dem Nationalmuseum, wo ich in den schwarzen Bronzen von Herculanum, in den Malereien von Pompeji jene der griechischen Kunst fremde Leichtigkeit wiedergefunden hatte, jene flüchtigen Linien, die schon von neapolitanischem Geist durchdrungen sind. Ein junger Mann näherte sich einem Betpult auf der anderen Seite der Straße, das unter einem großen rotgekleideten Christus auf die Gläubigen wartete. In der Linken hielt er einen gefalteten Tausendlireschein. Er kniete nieder, näherte die Hand mit dem Schein dem Schlitz, der in dem Betpult angebracht war, und ließ ihn hineingleiten. Gleichzeitig packte die rechte Hand blitzschnell die linke, nahm die tausend Lire und steckte sie in die Tasche. Nachdem der junge Mann sein Gebet beendet hatte, ging er fort. Gewiß war seine Linke ebenso aufrichtig im Geben gewesen, wie seine Rechte aufrichtig in der Habgier war.

Nach der tauben Buße die einhändige Frömmigkeit.

Anmerkungen

1 Daß eine solche Heirat die Bedingungen der Wirklichkeit verkennt, bestätigt eine Verfügung des italienischen Gesetzes, die einem Mädchen erlaubt, sich mit zwölf Jahren zu verheiraten, einem Jungen mit vierzehn (dagegen fünfzehn und achtzehn Jahre in Frankreich, achtzehn und zwanzig Jahre in der Schweiz). Heiraten zwischen Kindern sind im Süden häufig.

2 Ein typisches Beispiel für das unterdrückte Geschlechtsleben: die Beziehungen zwischen Mann und Frau werden nicht nur überwacht und durch diese strenge Kontrolle fast unmöglich gemacht, sie sind auch, und vor allem, eine Pflicht: ein Mann, der mit einer Frau alleine ist, *muß* ihr einen Antrag machen. Die Frau würde nicht verstehen, wenn er es nicht getan hat.

3 Zu deutsch: In der Wiege von demselben göttlichen Geist liebkost, der den Genius Giambattista Vico entflammte, dichtete er Verse zum Lobe seiner Heimat und führte seine Mitbürger, verloren in den nebelhaften Vorstellungen des Nordens, zu den klaren, christlichen des Südens zurück.

4 In chronologischer Reihenfolge: Pasquale Villari, 1826-1917, geboren in Neapel, Professor für moderne Geschichte an der Universität Florenz, Abgeordneter, Senator, Erziehungsminister, Autor von »Lettere meridionali«, 1878. Napoleone Colajanni, 1847-1921, Arzt, Abgeordneter, »Gli avvenimenti di Sicilia e le loro cause«, 1896. Leopold Franchetti, 1847-1917, reicher Florentiner, starb aus Kummer nach dem Unglück von Caporetto, und Sisney Sonnino, 1847-1924, pisanischer Baron, Diplomat, dann während des Ersten Weltkrieges Abgeordneter und Minister des Außenministeriums, Autoren von »La Sicilia nel 1867«. Giustino Fortunato, 1848-1932, geboren in Rionero-in-Vulture, Journalist, übersetzte Horaz, Abgeordneter, dann Senator, Antifaschist, Autor zahlreicher parlamentarischer Reden, gesammelt in »Il mezzogiorno e lo stato Italiano«, 1911. Francesco Saverio Nitti, 1868-1953, geboren in Melfi, Abgeordneter, Minister, 1919 Präsident des Rates, während des Faschismus im Exil in Frankreich, »Nord e Sud«, 1900, und »Napoli e la questione meridionale«, 1903. Gaetano Salvemini, 1873-1957, geboren in Molfetta, verlor beim Erdbeben von Mes-

sina seine Frau und fünf Kinder, Professor an der Universität Florenz, emigrierte nach Frankreich und dann nach USA; großer Historiker, entschiedener Gegner Mussolinis, veröffentlichte unter anderem »Scritti sulla questione meridionale«, 1896-1955. Tommaso Fiore, geboren in Altamura 1884, Latinist, Exeget von Vergil und Erasmus, vom Faschismus verfolgt, Autor von Briefen über Apulien, die er 1925 schrieb und 1951 unter dem Titel »Un popolo di formiche« veröffentlichte. Antonio Gramsci, geboren 1891 bei Cagliari, Gründer der italienischen kommunistischen Partei, von 1926 an im Gefängnis, 1937, nach sieben Jahren Haft, während der er schrieb, gestorben. Seine Schwägerin konnte die zweiunddreißig Hefte in Sicherheit bringen; zu seinem meist posthum veröffentlichten Werk gehört die Sammlung »La questione meridionale«, 1951. Guido Dorso, 1892-1947, geboren in Avellino, Journalist, Anwalt, wurde vom Faschismus verfolgt, »La Rivoluzione meridionale«, 1925. Carlo Levi, 1902 in Turin geboren, Arzt und Maler (er stellt auf jeder Biennale in Venedig aus), Antifaschist, Zwangsaufenthalt in Lukanien von 1935 bis 1936, wo er die Anregung zu seinem Buch »Cristo si è fermato a Eboli« erhielt, das 1945 erschien; er veröffentlichte weiterhin, unter anderem »Le parole sono pietre«, 1955, über Sizilien, und »Tutto il miele è finito«, 1964, über Sardinien. Francesco Compagna, 1921 in Neapel geboren, Direktor der Zeitschrift »Nord e Sud«, Autor von »La questione meridionale«, 1963.

5 Von der Höhe eines Berges, von dem man das Meer erblickt, schaue ich oft, ich, deine Tochter Isabella, ob nicht ein kalfatertes Schiff auftaucht, das mir von dir, Vater, Nachricht bringt.

... würdig das Grab, wenn schon die Wiege ärmlich war.

Ich, die ich in einer so häßlichen, schrecklichen Gegend meine Zeit ohne jedes Lob verbringe.

Wieder werdet ihr, o höllisches Tal, o von den Bergen stürzende Bäche, o wüste Steine, o tugendlose, verderbte Geister, mein Weinen hören und meine Qual.

Die blühenden Jahre, wie man sie nennt, waren für mich verwelkt und finster, einsam und öde, und ich habe sie blind und krank verbracht, ohne den Vorzug der Schönheit kennenzulernen.

6 Ich lebe, ich sterbe; ich brenne, und ich ertrinke; ich fühle große Hitze, während ich friere ... Mein Gut geht davon und bleibt auf immer; ich verwelke und gleichzeitig grüne ich.

Aber, wenn ich an jenen Tag denke, brenne ich und werde zu Eis, denn Furcht und Begierde sind meine Gefährten; bald schließe ich der einen die Tür, bald öffne ich sie der anderen, und in der Ungewißheit zerstöre ich mich und vergehe.

... denn, in der schönsten Hoffnung verzweifle ich.

Dann, wenn ich glaube, daß meine Freude gewiß ist und die ersehnte Stunde gekommen, stößt er mich in mein anfängliches Unglück zurück.

7 Die Ausgrabungen, die die Stiftung Lerici aus Mailand 1963 unternommen hat, haben die Methoden der Archäologie über den Haufen geworfen. Die Verwendung des Protonenmagnetometers und der Wasserdrucksonde gehören in den Bereich der Kernphysik und der Elektronik: tatsächlich sind es nicht Archäologen oder Historiker, die die Ausgrabungen leiten, sondern geophysische Techniker. Wie lange ist es her, daß Schliemann mit der Hacke grub und dabei Verse Homers zitierte! Die modernen Bohrer entreißen der Erde unterschiedslos Vasenreste und Petroleum und brauchen nichts von der Antike zu wissen. Erste Etappe: Lokalisierung der Mauern mit Hilfe des Magnetometers. Zweite Etappe: Herausholen der Tonscherben mit Hilfe der Sonde. Dritte Etappe: Datierung der Scherben. Erst in diesem Stadium der Ausgrabungen schalten sich die Archäologen ein. Erster kleiner Sieg am 10. April 1963: die Sonde brachte zehn Scherben aus dem schwarzen Ton ans Licht, den die Töpfer im VIII. Jahrhundert benutzten, als Sybaris gebaut wurde. Die Stiftung Lerici hat auch ein System ausgearbeitet, mit Hilfe dessen man ohne Ausgrabungen wissen kann, ob die etruskischen Gräber der Toskana und Latiums Fresken enthalten oder nicht.

8 Ein symbolisches Opfer. Vierzig Kilometer Straße, fünfunddreißig Eisenbahnlinien, zweihundertfünfzig Kräne, dreizehnhundert Lastwagen, dreihundertfünfzig Waggons finden auf dem riesigen Gelände Platz. In der Arbeiterstadt werden zwölftausend Personen unterkommen, die Fabriken planen jährlich zweieinhalb Millionen Tonnen Gußeisen, Stahl, Blech und Rohre herzustellen, in nächster Zukunft sollen es bereits sechs Millionen sein. Die Rohstoffe kommen und die fertigen Produkte verlassen die Fabrik per Schiff.

9 Wie in Augusta (Sizilien) bieten dieser Wald von Masten, Röhren und Flammen, diese Trauben von Glühbirnen an metallnen Schäften, diese großen, flach auf dem Gras liegenden Zylinder des petrochemi

schen Werks einen wunderbaren Anblick. Anstatt die Landschaft mit den Oliven und dem Meer zu stören, vervollständigen diese klaren, kalten Linien das Bild, so wie die kubistische Malerei die impressionistische Malerei zur Vollendung bringt, anstatt sie zu zerstören.

10 Anspielung auf die gemeinsame Wurzel in »Pouilles« (Apulien) und »pouilleux« (verlaust).

11 Es lebe der heilige Joseph von Copertino, der Beschützer der im Examen Stehenden, der Beschützer der Fallschirmjäger der Nato, der Beschützer der englischen Luftfahrt. Heiliger, sei unter uns willkommen.

12 Ich habe deine Milch, gib mir eine Scheibe Brot, ich beiße hinein, und du reißt sie mir fort und sagst: »Gib mir mein Brot!«

Inhalt

Neapel

Der Süden

Zu dieser Ausgabe

insel taschenbuch 3197: Der vorliegende Text wurde dem insel taschenbuch 1076 entnommen: Dominique Fernandez, Süditalienische Reise. Aus dem Französischen von Julia Kirchner. Insel Verlag Frankfurt am Main 1988. Für die Originalausgabe: © Editions Grasset & Fasquelle, Paris. Für die Übersetzung: © Insel Verlag Frankfurt am Main 1969. Titel der Originalausgabe: Mère Méditerranée. Umschlagfoto: zefa/masterfile

»Bella Italia!« im insel taschenbuch

Literarische Reisebegleiter
im insel taschenbuch
Eine Auswahl

Städte

Athen. Literarische Spaziergänge. Herausgegeben von Paul Ludwig Völzing. Mit farbigen Fotografien. it 2505. 336 Seiten

Bayreuth. Ein literarisches Porträt. Herausgegeben von Frank Piontek und Joachim Schultz. Mit zahlreichen Abbildungen. it 1830. 208 Seiten

Mit Brecht durch Berlin. Ein literarischer Reiseführer. Von Michael Bienert. Mit zahlreichen Fotografien. it 2169. 271 Seiten

Literarischer Führer Berlin. Von Fred Oberhauser und Nicole Henneberg. Mit zahlreichen Abbildungen, Karten und Registern. it 2177. 517 Seiten

Bremen. Literarische Spaziergänge. Von Johann-Günther König. Mit farbigen Fotografien. it 2621. 272 Seiten

Budapest. Ein literarisches Porträt. Herausgegeben von Wilhelm Droste, Susanne Scherrer und Kristin Schwamm. Mit zahlreichen Fotografien. it 1801. 283 Seiten

Chicago. Porträt einer Stadt. Herausgegeben von Johann Norbert Schmidt und Hans Peter Rodenberg. Mit farbigen Fotografien. it 3032. 330 Seiten

NF 31/1/3.05

Dresden. Ein Reisebuch. Herausgegeben von Katrin Nitzschke unter Mitarbeit von Reinhardt Eigenwill. Mit zahlreichen Abbildungen. it 1365. 294 Seiten

Dublin. Ein Reisebegleiter. Von Hans-Christian Oeser. Mit farbigen Fotografien. it 3114. 220 Seiten

Frankfurt. Acht literarische Spaziergänge. Von Siegfried Diehl. Mit farbigen Fotografien. it 2197. 190 Seiten

Mein Frankfurt. Von Martin Mosebach. Ausgewählt und mit einem Nachwort von Rainer Weiss. Mit Fotografien von Barbara Klemm. it 2871. 176 Seiten

Granada. Ein literarisches Porträt. Herausgegeben von Nina Koidl. Mit farbigen Fotografien. it 2635. 243 Seiten

Hamburg. Ein Städte-Lesebuch. Herausgegeben von Eckhart Kleßmann. Mit zahlreichen Abbildungen. it 1312. 305 Seiten

Heidelberg-Lesebuch. Stadt-Bilder von 1800 bis heute. Herausgegeben von Michael Buselmeier. it 913. 385 Seiten

Istanbul. Ein Reisebegleiter. Von Barbara Yurtdas. Mit farbigen Fotografien. it 3026. 313 Seiten

Der Kölner Dom. Ein literarischer Führer. Herausgegeben von Markus Klein. Mit zahlreichen Abbildungen. it 2226. 149 Seiten

Leipzig. Literarische Spaziergänge. Herausgegeben von Werner Marx. Mit farbigen Fotografien. it 2710. 222 Seiten

Lissabon. Ein Städte-Lesebuch. Herausgegeben von Ellen Heinemann. it 2106. 390 Seiten

NF 31/2/3.05

London. Literarische Spaziergänge. Herausgegeben von Harald Raykowski. it 2554. 272 Seiten

Wolfgang Koeppen. Muß man München nicht lieben? it 2712. 160 Seiten

New York. Literarische Spaziergänge. Von Herbert Genzmer. Mit farbigen Fotografien. it 2883. 160 Seiten

Paris. Literarische Spaziergänge. Von Uwe Schultz. Mit farbigen Fotographien. it 2884. 272 Seiten.

Mit Proust durch Paris. Von Rainer Moritz. Mit zahlreichen Fotografien. it 2992. 160 Seiten.

Potsdam. Literarische Spaziergänge. Von Jochen R. Klicker. Mit farbigen Fotografien. it 2926. 416 Seiten

Rom. Ein literarisches Porträt. Herausgegeben von Michael Worbs. Mit farbigen Fotografien. it 2298. 320 Seiten

Mit Marie Luise Kaschnitz durch Rom. Herausgegeben von Iris Schnebel-Kaschnitz und Michael Marschall von Bieberstein. Mit Fotografien von Mario Clementi. it 2607. 196 Seiten

St. Petersburg. Literarische Spaziergänge. Von Ingrid Schalthöfer. Mit farbigen Fotografien. it 2833. 240 Seiten

Trier. Deutschlands älteste Stadt. Reisebuch. Herausgegeben von Michael Schroeder. Mit Fotografien von Konstantin Schroeder. it 1574. 260 Seiten

Tübingen. Ein literarischer Spaziergang. Herausgegeben von Gert Ueding. Mit zahlreichen Abbildungen. it 1246. 384 Seiten

NF 31/3/3.05

Venedig. Ein Reisebegleiter. Herausgegeben von Doris und Arnold E. Maurer. Mit zahlreichen Fotografien. it 3110. 190 Seiten

Weimar. Ein Reisebegleiter. Von Annette Seemann. Mit farbigen Fotografien. it 3066. 300 Seiten

Wiener Adressen. Ein kulturhistorischer Wegweiser mit Straßenplänen und Fotos von Dietmar Grieser. it 1203. 217 Seiten

Das Wiener Kaffeehaus. Mit zahlreichen Abbildungen und Hinweisen auf Wiener Kaffeehäuser. Herausgegeben von Kurt-Jürgen Heering. it 1318. 318 Seiten

Landschaften • Länder • Kontinente

Amerika

Kalifornien. Ein Reiselesebuch. Herausgegeben von Herbert Genzmer. Mit farbigen Fotografien von Till Bartels. it 2636. 282 Seiten

Harry Graf Kessler. Notizen über Mexiko. Herausgegeben von Alexander Ritter. Mit zahlreichen Abbildungen. it 2176. 182 Seiten

Martin Walser/André Ficus. Die Amerikareise. Versuch, ein Gefühl zu verstehen. Mit 51 farbigen Bildern von André Ficus. it 1243. 117 Seiten

NF 31/4/3.05

Asien

Indien. Ein Reisebegleiter. Von Martin Kämpchen. it 2996. 272 Seiten

Tibet. Erfahrungen auf dem Dach der Welt. Von Wilhelm Klingenberg. Mit zahlreichen Fotografien. it 1860. 198 Seiten

Deutschland

Hans Christian Andersen. Schattenbilder einer Reise in den Harz, die Sächsische Schweiz etc. etc. im Sommer 1831. Herausgegeben von Ulrich Sonnenberg. Mit zahlreichen zeitgenössischen Abbildungen. it 2818. 232 Seiten

Bodensee. Reisebuch. Herausgegeben von Dominik Jost. Mit farbigen Abbildungen. it 1490. 313 Seiten

Der Rhein. Eine Reise mit Geschichten, Gedichten und farbigen Fotografien. Herausgegeben von Helmut J. Schneider unter Mitarbeit von Michael Serrer. Mit Fotografien von Pieter Jos van Limbergen. it 1966. 206 Seiten

Die schönsten Schlösser und Burgen Deutschlands. Ein literarischer Reisebegleiter. Herausgegeben von Joachim Schultz. Mit farbigen Fotografien von Horst und Daniel Zielske. it 2717. 256 Seiten

Schwarzwald und Oberrhein. Der literarische Führer. Herausgegeben von Hans Bender und Fred Oberhauser. Mit zahlreichen Abbildungen. it 1330. 416 Seiten

NF 31/5/3.05

Sylt. Literarische Reisewege. Herausgegeben von Winfried Hörning. Mit zahlreichen Fotografien. it 2522. 260 Seiten

Martin Walser/André Ficus. Heimatlob. Ein Bodensee-Buch. it 645. 92 Seiten. it 2374. 96 Seiten

England

Hans-Günter Semsek. Englische Dichter und ihre Häuser. Mit farbigen Fotografien von Horst und Daniel Zielske. it 2553. 255 Seiten

Von Pub zu Pub. Eine literarische Kneipentour durch London und Südengland. Von Johann-Günther König. Mit farbigen Fotografien. it 2888. 272 Seiten

Frankreich

Das Elsaß. Ein literarischer Reisebegleiter. Herausgegeben von Emma Guntz und André Weckmann. it 2746. 256 Seiten

Französische Dichter und ihre Häuser. Von Ralf Nestmeyer. Mit farbigen Fotografien. it 3093. 250 Seiten

Mit Fontane durch Frankreich und Flandern. Herausgegeben von Otto Drude. Mit Fotografien von Christel Wollmann-Fiedler. it 2647. 144 Seiten

Wolfgang Koeppen. Reisen nach Frankreich. Mit farbigen Fotografien von Angelika Dacqmine. it 2218. 170 Seiten

NF 31/6/3.05

Literarischer Führer Frankreich. Herausgegeben von Hans Georg Bauner. Mit zahlreichen Abbildungen und Karten. it 2798. 624 Seiten

Provence/Côte d'Azur. Ein literarischer Reisebegleiter. Herausgegeben von Ralf Nestmeyer. it 2801. 250 Seiten

Mit Rilke durch die Provence. Herausgegeben von Irina Frowen. Mit Fotografien von Constantin Beyer. it 2148. 126 Seiten

Griechenland

Griechenland. Ein Reisebegleiter. Herausgegeben von Danae Coulmas. Mit farbigen Fotografien. it 3024. 330 Seiten

Hugo von Hofmannsthal. Augenblicke in Griechenland. Mit farbigen Abbildungen und einem Nachwort von Hansgeorg Schmidt-Bergmann. it 2408. 125 Seiten

Erhart Kästner
- Griechische Inseln. Aufzeichnungen aus dem Jahre 1944. Nachwort von Heinrich Gremmels. it 118. 166 Seiten
- Kreta. Aufzeichnungen aus dem Jahre 1943. Nachwort von Heinrich Gremmels. it 117. 264 Seiten
- Ölberge, Weinberge. Ein Griechenland-Buch. Mit Zeichnungen von Helmut Kaulbach. it 55. 262 Seiten
- Die Stundentrommel vom heiligen Berg Athos. it 56. 325 Seiten

Wolfgang Koeppen. Die Erben von Salamis oder Die ernsten Griechen. Mit Fotografien. it 2401. 80 Seiten

NF 31/7/3.05

Reisen mit Odysseus. Zu den schönsten Inseln, Küsten und Stätten des Mittelmeers. Von Ernle Bradford. it 2508. 280 Seiten

Irland

Irish Pubs. Ein Reisebegleiter durch Irland. Von Johann-Günther König. Mit farbigen Fotografien. it 3020. 315 Seiten

Italien

Dietmar Grieser. Große historische Straßen. Von der Via Appia bis zur Avus. Eine kunsthistorische Spurensuche. Mit Fotografien. it 1974. 130 Seiten

Wilhelm Heinse. Tagebuch einer Reise nach Italien. Mit einem biographischen Essay von Almut Hüfler. Herausgegeben von Christoph Schwandt. Mit zahlreichen Abbildungen. it 2869. 260 Seiten

Mit Hermann Hesse durch Italien. Ein Reisebegleiter durch Oberitalien. Herausgegeben von Volker Michels. it 1120. 215 Seiten

Harald Keller. Die Kunstlandschaften Italiens. Mit Abbildungen. it 1576. 1110 Seiten

Literarischer Führer durch Italien. Ein Insel-Reise-Lexikon. Von Doris und Arnold E. Maurer. Mit Abbildungen, Karten und Registern. it 1071. 551 Seiten

Thomas Mann in Venedig. Eine Spurensuche. Von Reinhard Pabst. Mit zahlreichen Abbildungen. it 3097. 250 Seiten

NF 31/8/3.05

Oberitalienische Seen. Ein literarischer Reisebegleiter. Von Rainer W. Kuhnke. it 2608. 287 Seiten

Pompeji und Herculaneum. Ein Reisebegleiter. Herausgegeben von Dieter Richter. it 3099. 200 Seiten

Alberto Savinio. Capri. Eine Reiseerzählung. Übersetzt und mit einem Nachwort versehen von Martina Kempter. it 2732. 112 Seiten

Johann Gottfried Seume. Spaziergang nach Syrakus im Jahre 1802. Herausgegeben von Jörg Drews. it 2780. 455 Seiten

Sizilien. Literarisches Landschaftsbild. Herausgegeben von Ralf Nestmeyer. Mit Fotografien. it 2637. 220 Seiten

Südtirol. Ein literarisches Landschaftsbild. Herausgegeben von Dominik Jost. Mit Abbildungen. it 1317. 358 Seiten

Im Rosengarten. Eine literarische Spurensuche in Südtirol. Von Dietmar Grieser. Mit Abbildungen. it 2509. 245 Seiten

Toskana. Ein literarisches Landschaftsbild. Herausgegeben von Andreas Beyer. Mit Fotografien von Loretto Buti. it 926. 265 Seiten

Edith Wharton. Italien. Reisebilder. Mit einem Nachwort von Hanns-Josef Ortheil. Mit farbigen Abbildungen. it 2731. 224 Seiten

NF 31/9/3.05